왜 늙을까, 왜 병들까,
왜 죽을까

왜 늙을까, 왜 병들까, 왜 죽을까

내 안의 세포 37조 개에서 발견한 노화, 질병 그리고 죽음의 비밀

이현숙 지음

서울대학교
생명과학부 교수

서가명강 38

21세기북스

인문학

人文學, **Humanities**

철학, 역사학, 종교학, 문학,
고고학, 미학, 언어학

자연과학

自然科學, **Natural Science**

과학, 수학, 의학, 물리학,
지구과학, 화학, 생물학

사회과학

社會科學, **Social Science**

경영학, 정치학, 사회학,
심리학, 외교학,
경제학, 법학

공학

工學, **Engineering**

기계공학, 전기공학, 컴퓨터공학,
재료공학, 건축공학, 산업공학

생물학

生物学, **Biology**

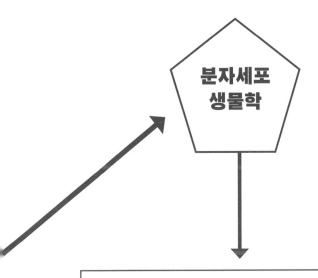

분자세포생물학이란?

分子細胞生物學, molecular cell biology

분자세포생물학은 세포생물학에서 다루던 세포의 구조와 기능을 분자
수준에서 연구하는 생물학의 한 분야로 유전학, 생화학, 분자생물학 등
여러 과학 분야의 교차점에 위치한다. 주요 연구 주제는 DNA, RNA,
단백질과 같은 분자의 기능과 이들이 세포 내에서 어떻게 상호작용하는지에
중점을 두고 있다. 생명 현상의 본질을 이해하고, 이를 통해 다양한 응용
가능성을 탐구하는 중요한 학문 분야다.

이 책을 읽기 전에 주요 키워드

DNA

생명의 기본 단위인 세포에서 가장 중요한 것으로, 모든 생명체는 DNA를 유전 물질로 사용한다. 사람과 같은 진핵생물에서는 핵 속에 들어 있는데, 핵의 가장 중요한 역할이 DNA를 보호하는 것이다. 모든 세포는 성장할 때 반드시 DNA 복제를 거친다.

대사

우리 몸에 포도당이나 지방, 단백질 같은 영양분이 들어오면 일어나는 활동을 말한다. 몸 안에서 아주 작은 단위로 분해하고 합성해 새로운 물질이나 에너지를 만드는 작용은 물론 필요하지 않은 물질을 몸 밖으로 내보내는 작용까지 포함한다. 대사가 원활하게 일어나지 않으면 노화의 원인이 될 수 있다.

암

유전자가 계속해서 돌연변이를 일으켜 무한정 변신을 거듭하면서 다른 조직까지 침범하고 파괴하는 질환이다. 암세포는 무한 증식하면서 새로운 혈관을 생성하고 뻗어 영양분을 갈취한다. 처음 생긴 기관을 넘어 다른 기관으로 침투하고 이동하는 것을 '전이'라고 부르며, 이것은 양성 종양과 대비되는 악성 종양의 특징이다.

텔로미어

진핵생물 염색체의 말단 또는 DNA의 말단을 말한다. 반복적인 염기서열을 가지고 있으며 안에 들어 있는 DNA를 보호한다. 텔로미어가 짧아지면 세포는 더 이상 분열하지 않고 노화를 시작한다.

세포 노화

세포의 대사가 원활하지 않고 에너지도 조금만 만들어내며 더 이상 세포 분열도 하지 않는 현상이다. DNA 손상이 누적되면 텔로미어도 짧아지며, 노화가 일어난다. 세포가 노화되면 면역계의 기능이 떨어지며 염증도 많아진다.

돌연변이

DNA가 복제되는 과정 중에 원본과 다르게 변형되는 것을 돌연변이라고 말한다. DNA가 손상되면 돌연변이를 만들어내고, DNA를 담고 있는 유전체가 불안정하게 되는 것이 암이다. 즉 돌연변이는 암세포가 만들어지는 원인이기도 하다.

표적 항암 치료

어떻게 암세포가 탄생하는지에 대한 분자 메커니즘을 밝히고, 그 메커니즘만을 표적으로 삼아 진행하는 치료다. 정상세포가 아닌 암세포의 특정 부분을 타깃으로 삼아 선택적으로 공격하는 약물을 투입한다. 따라서 다른 세포에는 영향을 주지 않기에 부작용이 적다. 유전체를 기반으로 하여 작동하기에 개인별로 맞춤형의 표적 항암제를 찾는 일이 중요하다.

면역 항암 치료

사실 암세포는 우리 몸의 면역계를 회피하고 살아남은 것이다. 면역 항암 치료는 우리 몸의 면역계가 암세포를 불청객으로 인식할 수 있도록 돕는 방법이다. 면역계가 제대로 작동하기만 하면 암세포를 없앨 수 있기 때문이다. 그러나 아직 쓸 수 있는 약이 제한되어 있으며, 자가면역질환을 유도할 수 있는 문제가 있다.

차례

"죽음은 끝이 아니다. 세포 하나가 너무나 많은 손상을 당해 살려고 발버둥 친다면 암을 비롯한 병을 일으킨다. 하지만 그가 기꺼이 사멸한다면 나머지 건강한 세포들은 항상성을 이룩한다."

세포의 여정을 통해 배우는 인문학적 상상력

생명의 신비를 탐구하겠다고 생물학을 선택하고 공부한 지 40여 년이 되어가는 지금, 나의 가슴을 가장 뛰게 한 연구는 무엇이었는가 생각해본다. 생물학이 드디어 과학이 되었다는 분자생물학을 공부하기로 결정하면서, 피 보는 것이 싫고 생명체를 희생해야 하는 연구를 피하고 싶어서 선택한 것이 바로 식물 유전공학이었다.

1990년대 초반, 석사 학위를 받는 동안 DNA 클로닝, 시퀀싱 등 첨단 분자생물학적 기법을 익혔으나, 나는 어쩐지 식물이 어떻게 꽃을 피우고 광합성을 하는지보다 사람은, 아니 동물은 어떻게 나이 들고 병들고 죽는가 하는 문제에 더 관심을 가지게 되었다.

그래서 석사를 마치고 바이러스를 연구하는 연구소에서 연구원으로 있다가 유학길에 올랐다. 바이러스가 어떻게 암을 일으키는지에 대한 내 기초 연구의 성과가 다행히 그 어렵던 시절 최고 대학의 최고 연구소에서 공부할 행운을 주었다.

한국인이 한 명도 없던 케임브리지 의과학 분자생물학 연구소(Medical Research Council, Lab. of Molecular Biology, MRC-LMB)에 도착해서야 나는 이 연구소가 훌륭한 논문만 잘 내는 곳이 아니라 분자생물학의 역사를 시작했고 가장 빠르게 혁신을 이뤄가고 있는 곳이라는 사실을 깨달았다. 나는 정말 운이 좋아 거기 당도한 것이었다.

그래서 나는 1996년부터 진정한 생명과학자의 길을 걷기 시작했다고 생각한다. 수많은 노벨상 수상자도, 노벨상을 기대하는 옆 방의 교수도 나와 똑같이 왜 늙고 병들고 죽는지에 관한 근본 메커니즘에 대해 속 시원하게 답하지 못했다. 그 문제에 대해 똑같이 궁금해하고 호기심이 많았으며, 누가 뭐래도 연구실을 지키며 바보같이 일하는 연구자, 과학자였다. 그 점은 미국 최고 대학 중 하나인 하버드 의과대학 세포생물학과나 시애틀 워싱턴 주립대학의 최고 세포생물학자나 발생학자도 마찬가지였다.

유학을 통해 내가 배운 건, 과학자는 등수를 매길 수 없다는 것이었다. 20세기 수련 과학자는 실험을 잘 디자인하고, 열심히 연구하며, 좋은 논문을 써서 전정을 탄탄대로로 만드는 데 더 관심이 많았다.

그로부터 30여 년이 흘렀다. 잠 못 자고 학생 연구원들과 실험하고 토론한 시간이 얼마나 많았던가. 하나의 논문을 발표하는 것은 산고를 치르는 것만큼이나 많은 에너지를 소모하는 일이다. 산고의 고통 후 태어난 아이를 보면 모든 고통을 잊는다고 하던데, 나는 딸을 출산할 때 더 이상 고생할 수 없을 정도로 고생한 후, 기쁨보다는 몸이 달달 떨릴 정도로 지쳤던 기억이 있다. 새로 태어난 생명에 대해 경외감과 함께 책임감, 사랑, 신비스러운 생명의 힘 같은 것은 아이를 키우면서 느끼고 배웠다.

논문을 내는 과정도 이와 같았다. 수십 번을 보고 또 보고, 몇 차례 동료 평가 후 수정을 거치면서 드디어 최고 저널에 실었을 때, 나는 대개 아주 오랫동안 그 논문을 쳐다보지 못했다. 좋은 논문은 그렇게 탄생한다. 검토와 수정을 거듭하고 다시 검사를 받는 과정을 거치면서 더 이상 어떻게 수정해야 할까 싶을 때, 인간적으로 지긋지긋해질 때 마침내 세상에 발표된다. 마치 산고의 고통과 비슷하다고 할까? 과학자는 그렇게 논문 하나하나를 떨리는 마음으로 세상에 발표한다. 그리고 아이를 기르듯이 논문의 후속 연구를 이어간다. 아주 빠르게 후속 연구가 진행되기도 하지만 막다른 골목에 다다른 것처럼 혹은 깜깜한 방에서 펜을 찾는 것처럼 진척이 없이 막막해질 때도 있다. 만일 어떤 생명과학자가 한 번도 자신은 실패한 적이 없으며 슬럼프가 무엇인지 모른다고 한다면, 그는 남들이 해놓은 연구를 좇아가는 추종자에 지나지 않을 가능성이 높다. 질문을 좇다 보면 덤불숲도 만나고, 깜깜한 밤길을 홀로 걷는 기분이 들 때도 있다. 그러나 한 줄기 빛을 발견하고 그 빛을 따라 길을 찾게 되면 마침내 새로운 바다를 만난다. 질문에 대한 답은 물론이고 더 많은 훌륭한 질문을 발견하게 된다. 그 쾌감이 과학을 멈추지 않는 이유다. 누가 나를 1등이라 하든, 10등이라 하든, 전혀 중요하지 않다.

생명의 신비를 탐구하는 연구자들은 그렇게 논문을 내고, 계속 그렇게 논문을 내고 싶어 한다. 그리고 다른 연구자들이 나의 논문을 인용하고 나의 후속 연구들이 그 논문이 옳았으며 생명과학이 발전하는데 이바지했다는 것을 객관적으로 느끼게 될 때 비로소 눈뜬다. 이 모든 과정이 태어나고 자라서 성인이 되는 사람의 성장 과정과 비슷한 경이로운 여정이었음을 알게 된다.

지난 30여 년간 나는 어떤 공부를 했을까. 무엇을 이룩하고 무엇을 실패했는지 열거하는 것은 불필요해 보인다. 다만 그 세월 동안 세포의 비밀, 암이 왜 생기고 우리가 병들어 죽을 수밖에 없는지 메커니즘을 풀어내면서 깨달은 것이 있다. 만일 우리 사회가, 이 세상이 건강한 항상성 homeostasis을 유지하는 세포와 같다면 훨씬 더 행복한 지구를 이루며 살 수 있을 거라는 사실이다.

성장하는 세포를 조절하는 세포 주기 이론은 2001년 암의 탄생 비밀을 풀어냈다며 노벨 생리의학상이 주어질 정도로 생로병사의 기본 이론이다. 세포 주기를 조절하면서 세포는 수없이 많은 내부와 외부의 공격을 받는다.

이때 세포 주기를 조절하는 각 단백질은 제 역할을 하기 분주하다. DNA 손상 신호가 왔다면 검문소 역할을 하는 세포 주기 검문 지점cell cycle checkpoint 기구가 작동하여 세포가 성장을 일단 멈추고 오류를 교정할 시간을 번다. 건강한 세포라면 오류를 교정하는 DNA 수복 기작에 의해 DNA상의 오류는 고쳐지고, 그다음 세포 주기를 이어간다. 마치 자전거가 도는 것처럼 앞바퀴와 뒷바퀴, 브레이크, 액셀레이터가 정교하게 하모니를 이루는 것이다.

그렇게 드디어 세포가 두 개의 딸세포로 분리되는 세포 성장의 절정에 이르러서는 아주 작은 인산기에 의해 활성화되어 맡은 일을 정확히 수행한다. 일을 끝내고 나면 단백질 분해 메커니즘에 의해 산산이 부서진다. 들어설 때와 퇴장할 때를 정확히 지킨다.

이 교향악을 지휘하는 지휘자가 CDK(Cell cycle-dependent kinase)라면 이름도 예쁜 PLK(Polo-like kinase), 오로라(Aurora) B 키나아제는 제1 바이올린이다. 검문소는 염색체 분리 체크포인트인 BubR1, Mad2다. 나머지 단원들도 다 자기 역할을 충실하게 해내며, 오류 없이 성장하는 건강한 세포는 유전 정보가 똑같은 두 개의 딸세포를 만들어낸다. 이 아름다운 세포의 교향악이 나를 지금껏 과학자이기를 멈추지 않게 했다.

세포 주기의 단백질들은 등장할 때와 떠나 없어질 때를 정확히 지킨다. 만일 이 회로를 무시하고 누가 더 나서서 자기 유세를 한다면, 교향악은 듣기 힘든 소리를 내게 될 것이고, 세포에서는 암세포가 되거나 대사 이상을 가진 염증 유발 세포가 되어 심각한 문제를 일으킨다. 만일 면역계가 제대로 처리하지 못하면, 이는 병들고 죽는 원인을 만드는 것이다.

그렇다면 세포의 항상성을 잘 지키는 세포들만 가진 사람이 계속 이 지구상에 사는 것이 인간 종족에게 유리한 게 아닐까? 찰스 다윈은 우리가 나이 들고 죽도록 설계되어 있다고 말한다. 왜 이렇게 훌륭한 개인조차 사멸되도록 설계되었을까? DNA는 돌연변이가 되도록 설계되었으며, 우리 모두는 아주 낮은 비율로 변하는 10조 이상의 성장하는 세포로 이루어져 있다.

다윈은 말한다. 가장 건강할 때, 즉 항상성이 유지되고 있을 때 생식하고 자손을 번식하며, 항상성이 망가진 나이든 사람들은 죽음으로 소멸해야 전체 '생명 종'에 유리하다고 말이다. 이는 이상한 돌연변이는 전달하지 않고, 적절히 자연에 적응한 돌연변이들이 살아남는 방법이다.

나만 살겠다고 고집 피우지 않기, 등장할 때와 퇴장할 때를 정확히 파악하기, 너무 나서서 다양성을 해치지 않기,

오류를 고치는 데 충분히 시간을 할애하기. 세포들이 들려주는, 이러한 잘 사는 비결을 깨달았다는 사실만으로도 나는 헛되이 나이 들지 않았다고 생각한다.

우리가 태어나서 성장하고 늙고 죽는 것은 자연의 이치다. 우리는 애초에 그렇게 설계되었다. 의학은 건강한 노년을 잘 유지하도록 도와주는 인류의 발견이며, 과학자는 메커니즘을 규명하여 그를 돕는다. 인간의 수명이 점점 늘어난 이유다.

그럼에도 죽음을 결코 피할 수는 없을 것이다. 언제 어떻게 퇴장하는가가 중요할 뿐이다. 슬퍼할 필요는 없다. 중국 혁명을 이끈 손문이 그랬다던가? 내가 못 하면, 내 자식이, 그가 못하면 그의 자식이 할 것이라고. 내가 하지 못하면, 내 제자가, 그가 해내지 못한다면, 그의 제자가 해낼 것이다.

우리 과학자들은 모두 논문을 통해 연결된 과학 커뮤니티이므로, 그 제자는 과거에 내게서 직접 수학했거나, 지금 나와 연구하는 동료의 제자일 수도 있다. 그리고 그들은 나의 논문과 연구 성과를 보고 질문을 이어가고 답하려는 모든 연구자다.

그래서 다행히도 죽음은 끝이 아니다. 세포 하나가 너무나 많은 손상을 당해 살려고 발버둥 친다면 암을 비롯한 병을 일으킨다. 하지만 그가 기꺼이 사멸한다면 나머지 건강한 세포들은 항상성을 이룩한다. 세포에게서 배운 잘 사는 비결이다.

과학이 재미없는 이유는 기능만 설명하기 때문이다. 과학의 이야기에 사람이 있고, 시가 있고, 인문학적 해석이 있을 때 매우 흥미진진한 이야기가 된다. 비록 우리는 객관적인 증거를 기반으로 연구하고 좋은 증거를 확보하기 위한 창의적 실험을 디자인하는 데 몰두하지만 말이다. 부디 독자들이 이 책을 통해 인문학적 상상력을 가질 수 있게 되기를 바란다.

2024년 9월
이현숙

1부_____

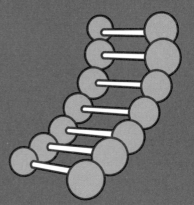

우리는 왜

늙고

병드는가

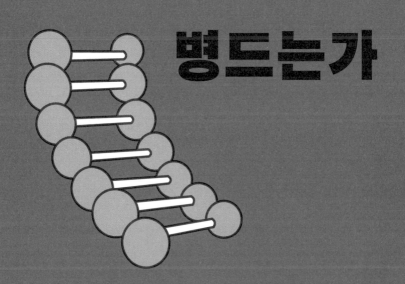

하나의 세포는 영원하지 않으며 반드시 죽는다. 대신 자기와 같은 DNA를 가지는 세포로 분열하여 많은 자손 세포를 만든다. 이것이 바로 생명 현상의 기본이며 생명의 정의이자, 생명이 무생물과 구분되는 지점이다.

우리 몸을 지배하는
세포의 발견

모든 생명체의 기본, 세포

사람은 태어나서 성장하고, 늙어가고 병들다가 죽는다. 이런 생로병사의 비밀에 관해 공부하는 것이 바로 생명과학이다. 생명과학의 비밀을 알려면 먼저 세포를 알아야 한다. 세포는 우리 몸을 지배한다고 해도 과언이 아니기 때문이다.

'제브라피시'라고 불리는 열대 치어의 수정란이 어떻게해서 전체 기관과 열대 치어로 성장하는지를 보여주는 동영상을 본 적이 있다. 수정란은 하나의 세포다. 이것이 점점 세포 분열을 하고 세포가 이동도 하며 큰 물고기가 된다. 이것이 바로 생명의 신비다. 하나의 작은 세포가 커다

란 생명을 만들어내는 게 신기하지 않은가?

그런데 과연 세포란 무엇인가? 세포 이론이라는 것이
있다. 생명과학에서는 세포가 생명의 단위라고 본다. 이것
은 아주 역사가 오래된 이론에 근거한다. 유식하게 라틴어
로 얘기하자면 'Omnis cellula et cellula', 즉 '모든 세포는
세포에서 유래한다'라는 것이 바로 세포 이론이다.

이 말의 기원은 17세기, 1665년에 로버트 훅^{Robert Hooke}으
로 거슬러 올라간다. 로버트 훅은 17세기 영국의 화학자이
자 물리학자다. 학창 시절 처음 생물학에서 현미경에 대해
배울 때를 기억할지 모르겠다. 현미경으로 죽은 식물 세포
인 코르크 세포, 그다음에 살아 있는 식물 세포인 양파 세
포를 봤다고 하면서 훅이 세포를 본 이야기가 나온다.

'셀'이라는 말을 그가 탄생시켰다. 그는 세포를 발견하
고는 「마이크로그래피아^{Micrographia}」라는 보고서를 왕립학회
에서 발표했다. '골방처럼 묶여 있다'는 뜻에서 셀이라는
말을 했고, 어쩌면 이것이 생명의 기본 단위일 것이라고 생
각했다.

이것은 엄청나게 새롭고 획기적이며 혁명적인 생각이
었다. 그런데 당시 그의 이론과 관찰은 폄하되었다고 한

다. 그 이유는(정확히 확인되지는 않았지만) 뉴턴과의 경쟁 관계가 원인이었다는 설이 있다. 뉴턴이 물질의 법칙, 우주의 법칙을 연구했다면 로버트 훅은 관찰을 기반으로 현미경을 발전시킨 사람이다. 그리고 훅은 생물학에 관심이 많았다.

어찌 되었든 훅이 세포를 이야기한 것은 참으로 놀라운 일이다. 세포에 대한 훅의 가설은 1838년에 와서 마티아스 슐라이덴Mathias Schleiden과 테오도어 슈반Theodor Schwann에 의해 정립되었다. 이것이 바로 세포 이론이다. 모든 세포는 세포에서 유래한다. 즉 세포가 증식과 생식의 단위라는 것이 바로 세포 이론이다.

여기서 생각나는 것이 있다. 요새 바이러스 얘기가 많이 나오는데, 바이러스를 생명체로 볼 수 있을까? 세포 이론에 근거하면 바이러스는 생명체가 아니다. 왜냐하면 바이러스는 스스로 증식할 수 없기 때문이다. 바이러스는 반드시 숙주 세포에 들어가야만 증식할 수 있고 자신의 유전체를 만들어낼 수 있기 때문에 어딘가에 항상 의존한다. 이렇게 기생해야 하기 때문에 바이러스는 기본적으로는 세포설에 맞지 않는다. 생명체를 정의하는 가장 기본적인 조건은 자가 번식이 가능해야 한다는 점이기 때문이다.

반면 대장균이나 박테리아 같은 것들은 한 개의 세포로 이루어져 있는 단세포지만 세포 이론에 따르면 분명히 생명체다. 이들은 스스로 증식할 수 있기 때문이다. 이것이 바로 생물학의 기본이다.

이처럼 1838년에 나왔던 슐라이덴과 슈반의 가설에 루돌프 피르호Rudolf Virchow가 공헌한 끝에 오늘날 세포설은 모든 사람이 이견 없이 받아들이는 이론이 되었다.

세포설을 요약하면 이렇다. 모든 생물체는 하나 이상의 세포로 구성되어 있으며, 세포는 생명의 기본 단위다. 그리고 모든 세포는 기존 세포에서 분열하여 생겨난다.

사람의 세포는 어떻게 생겼을까?

그러면 세포는 어떻게 분열할까? 세포가 분열하는 메커니즘이 무엇인지 알아보자. 이것은 세포 분열의 프로그램이 이미 정해져 있다는 아주 위대한 발견에 근거한다.

앞에서 이야기한 대로 단세포, 즉 세포가 딱 하나만 있는 것도 생명체다. 그래서 어떤 공동의 조상에서 박테리아 같은 원핵 세포가 나왔다고 생각된다. 조금 더 발전해서 아

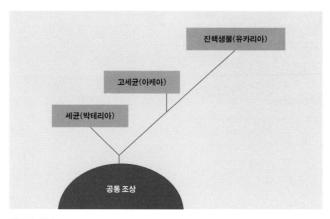

생명의 계통도

케아^{Archaea} 같은 조류, 그다음에 여러 가지 세포로 구성해서
기관까지 만들 수 있는 사람과 같은 진핵생물로 발전했다.
이것이 생명의 계통도. 종교적인 신념이 어떻건, 믿거나
말거나, 모든 논리력을 합해서 생각하면 이 가설은 지금까
지 무너진 적이 없다.

　단세포로 이루어진 원핵생물의 모양을 전자 현미경 사
진으로 찍은 것을 보자. 이것이 아주 보편적인 박테리아의
모습이다. 전자 현미경 사진은 시료에 전자를 투과시켜 시
료의 구조에 따른 명암 차이를 보는 것이다. 전자가 시료

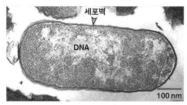
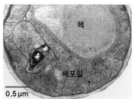

원핵 세포(좌)와 진핵 세포(우)의 모습[1]

를 통과하기 어려우면 어둡게 보이고, 잘 통과하면 밝게 보인다. 바깥에 세포벽이 있고 그 안에 세포막이 있고 세포막 안에 DNA가 있다. 핵막이 없이 세포질 안에 다른 구성성분과 DNA가 같이 있는 모양새다. 이것이 원핵 세포의 대표적인 특성이다.

진핵생물로 올라가 보면 좀 더 많은 다세포를 구성할 수도 있다. 그리고 더 복잡한 일을 하는 사람 세포와 같은 것에서는 원핵생물 박테리아와 달리 핵이라는 게 존재하게 된다. 핵의 가장 중요한 역할은 DNA를 담는 것이다. 핵이 있고, 그 주변에 세포질에 단백질, 그리고 여타 소기관들이 존재한다. 진핵 세포는 오른쪽 그림과 같은 모습을 이룬다.

인간 세포에는 에너지 공장인 미토콘드리아, 여러 가지 단백질을 만들어내는 소포체, 그리고 분명하게 핵이 존재한다. 그 외에도 다른 여러 가지 소기관이 있다. 우리의 세포에는 아무것도 없는 것 같지만 사실은 그 안에 주소가 다 정해져 있고 구획화되어 있다. 비유하자면 동네가 다 있고 역할이 분명하게 나뉘어 있는 것이다.

이것이 바로 우리 인간의 세포가 박테리아와 다른 점이다. 사람의 세포는 이처럼 단위의 세포로 구성되어 있다. 그리고 이 세포가 모든 것의 비밀을 쥐고 있다.

세포에서 가장 중요한 DNA

핵 안에 DNA가 있다고 얘기했다. 방탄소년단의 〈DNA〉라는 노래도 나와서 DNA가 유전 물질이라는 건 모두 다 알 것이다. '내 안에 어떤 DNA'와 같은 이야기를 많이 하는데, 사실 DNA는 생명 기본 단위인 세포에서 가장 중요한 것이다.

'모든 세포는 세포에서 유래한다Omnis cellula et cellula'의 가장 기본은 DNA가 전수된다는 것이다. 즉 아버지와 어머니로부터 DNA를 받았고 그것이 나의 자손으로 내려가는 것, 이것이 바로 유전 물질이다.

'어떻게 유전이 되는가'라는 문제는 옛날부터 지성을 가진 사람들에게 가장 중요한 질문이었다. 그 해답을 얻기까지는 멘델의 유전 법칙이 한몫했지만, 바로 지금부터 이야기할 논문이 혁혁한 공로를 세웠다. 이 논문 덕분에 생명과학이 과학의 위치에까지 올라가게 되었다.

이 논문은 바로 DNA의 발견을 담은 논문이었다. DNA가 있다는 것은 알고 있었지만, 그 구조를 밝힌 것이 1953년, 프랜시스 크릭Francis Crick과 제임스 왓슨 크로닌James Watson Cronin의 유명한 논문이다. 참고로 나는 그들이 만든 DNA 모형의 실물을 직접 봤다. 내가 공부한 곳이 바로 프랜시스 크릭과 왓슨이 있었던 곳이었기 때문이다. 그곳은 케임브리지 대학교의 MRC LMB라는 곳으로 분자 생물학 연구소다. 한쪽 구석에 있는 DNA 모형을 그냥 지나쳤는데, 알고 보니 그게 프랜시스 크릭이 직접 만들었던 모형이었다. 그걸 알고 난 후부터는 그곳을 지나갈 때마다 선배의 위대함을 가슴 벅차게 느끼곤 했다.

이 연구소에서는 그 이후에도 34명의 노벨상 수상자가 나왔다. 어떻게 그런 위대한 전통이 이어지는지에 대해서 조금 더 설명하기 전에 논문에 대한 이야기를 해보겠다.

1953년 《네이처》라는 학술지에 DNA의 분자 구조에 대한 논문이 발표되었다.[2] 한 페이지 반 정도, 900자가 안 되는 아주 짧은 논문이다. 이 논문에는 유능한 과학자인 로절린드 프랭클린Rosalind Franklin의 데이터를 가져다 썼다. 사실 남의 데이터를 가져왔다고 언급하지 않고 저자로도 넣지 않았기 때문에 현대 기준으로는 맞지 않는다. 이것은 연구 윤리에서도 항상 거론되는데, 당시에는 연구 윤리상 문제가 없었다.

이 논문이 세상을 뒤바꿔버린 혁명적 논문이라고 내가 칭하는 이유가 있다. 900자가 안 되는, 총 895자의 논문 안에 유전이 어떻게 되는지, DNA가 어떻게 복제되는지에 대한 엄청난 통찰력이 들어 있기 때문이다. 이 논문은 세월이 흘러도 무너지지 않을 최고의 가치를 지닌 논문이라고 볼 수 있다.

로절린드 프랭클린도 같은 《네이처》에 논문을 냈다. 그런데 로절린드가 주목했던 것은 DNA의 구조 중에서 어떻게 이중 나선이 생기는지가 아니라 당pentose에 관한 것이었다. 그가 쓴 논문은 그리 많이 주목받지는 못했다. 하지만 그가 키워낸 제자들, 에런 클루그Aaron Klug 등이 나중에 노벨상을 받았기 때문에 그 역시 무너지지 않는 역사다. 나와 같은 여성 과학자인 그를 안타까운 눈으로 보기보다 그 역시 엄청난 선구자였다는 사실이 계속해서 재발견되고 있다는 사실에 조금 더 주목하게 됐다.

프랜시스 크릭과 왓슨은 유전자의 구조가 다음과 같이 생겼다고 풀어냈는데, 여기에는 비하인드 스토리가 있다. 왓슨이 프랭클린의 데이터를 보고 와서 얻은 통찰력을 바탕으로, 프랜시스 크릭이 하룻밤 만에 구조를 풀어냈다는 것이다. 믿거나 말거나 이렇게 기록되어 있다.

여기서 하룻밤이라고 하지만 그게 진짜 하룻밤은 아닐 것이다. 그전까지 얼마나 오랜 시간 엄청난 고민을 했겠는가. '도대체 어떻게 생겨야지만 유전자일까?'라는 연구를 줄곧 했을 것이다.

이 그림을 보면 이중의 실 가닥이 꼬여 있는 구조다. 그래서 이것을 그 유명한 '이중 나선 구조'라고 부른다. 베이스와 베이스 사이의 간격, 그리고 어떻게 꼬여 있는지를 풀어낸 것이 그들의 논문이었다.

이것이 위내한 이유는 '유선사가 어떻게 생겼을까?'를 매일 고민한 위대한 석학들의 증언에 따르면, 이 모형을 보자마자 '왜, 복제가 어떻게 이루어져야 하는지'를 바로 상

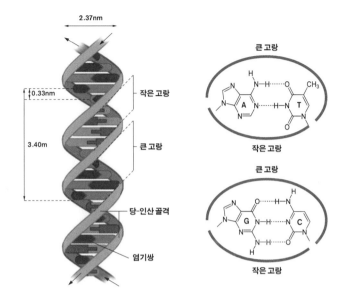

다음은 이미지의 레이블들:

2.37nm

0.33nm

3.40m

작은 고랑

큰 고랑

당-인산 골격

염기쌍

큰고랑

A · · · T

작은 고랑

큰고랑

G · · · C

작은 고랑

프랜시스 크릭과 왓슨이 풀어낸 유전자 DNA의 구조

상할 수 있었기 때문이다. 그래서 위대한 발견이었고, 모름지기 아는 사람들은 다 아는 분자 생물학의 탄생이 되었다.

이것이 복제의 위대함이다. 사실 유전된다는 것은 똑같은 유전자가 복제되어 그대로 전달된다는 걸 의미한다. 간세포 하나에서 똑같은 간세포가 탄생한다는 것이다.

핵심은 똑같은 DNA가 전수되는 것인데, DNA 복제는 복잡하다. 오늘날까지도, 아니면 앞으로도 계속해서 DNA 복제에 관해서는 연구될 것이다. 처음에는 DNA의 구조만 알면 다 풀린다고 생각했는데, 더 많은 문제가 있다는 걸 알게 됐다. 최근에는 우리 연구실에서도 염색체 말단 복제 과정에서 여러 가지 DNA 구조가 발생하고, 이에 따른 분자 메커니즘이 있다는 사실을 알아냈을 정도다. 간단하게 얘기하지만 간단하지 않은 아주 위대한 비밀이 숨어 있는 곳이 바로 DNA다.

짧게 설명하자면, DNA는 두 가닥으로 되어 있고 반대로 향하는 방향성orientation을 가지고 있다. 즉 한쪽은 위가 5', 밑이 3'이라고 정해져 있고, 이것의 상보적인 가닥strand 은 밑이 5', 위가 3'으로 반대로 가게 돼 있다. 이처럼 두 가닥이 서로 반대로 가는데 어떻게 복제할 수 있을까? 실제로는 다음 그림에서처럼 먼저 가는 가닥이 있고, 그다음에 늦게 가는 지연 가닥이 있어서, 똑같은 단백질 복합체가 뚫어가면서 복제한다는 것이 오늘날 우리가 알고 있는 사실이다.

깊은 얘기로는 들어가지 않겠지만 이 때문에 모든 생명체는 똑같은 방법으로 DNA를 복제해낸다. 복잡성은 조금

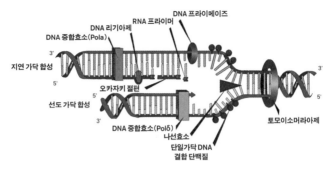

DNA의 복제

씩 다를지 모르지만, 생명체가 유지되는 방법의 기본 메커니즘은 똑같다. 그래서 그 메커니즘을 찾은 크릭과 왓슨의 논문이 굉장히 위대하다고 평가받는 것이다.

나이가 들수록
병에 잘 걸리는 이유

질병과 직결되는 DNA의 매커니즘

복제가 이루어진다는 건 여러 가지 위험에도 노출되어 있다는 뜻이다. 그것이 우리의 병을 만드는 이유가 될 것이다. DNA는 핵 안에 보호되어 있지만, 항상 활동해야 한다. 복제하거나 성장하는 세포라면 모두 그렇다.

또한 DNA는 화학 구조로 되어 있으므로 세포 안에 있지만 손상에 노출되어 있다. 예컨대 자외선은 아주 심각하게 DNA에 영향을 미칠 수 있는 구조다. 예를 들어 자외선에 의해서 DNA 한 가닥이 잘려 나갈 수 있다. 체르노빌 원폭 사고, 후쿠시마 원전 사고에서 보았듯이 원자가 만들어내는 방사선에 노출되면 DNA는 두 가닥이 다 부러지기도 한다. 그리고 우리 몸 안에서 항상 대사하다가 만들어내는 활성산소, 심지어 복제하면서 일어난 여러 가지 에러, 이런 것들이 모두 DNA에는 결함을 주게 된다.

이는 아주 단순하게 DNA에 손상을 줄 수 있는 예다. 이처럼 우리는 항상 위험에 노출되어 있는데 그렇게 위험하지는 않다. 왜냐하면 세포 기구에서는 DNA 복제만 하는 게 아니라 이것을 항상 고쳐주는 DNA 수선 기작이 같이 작동하기 때문이다.

이런 DNA의 메커니즘은 질병의 발생과 직결돼 있다. 세포가 분열할수록, 즉 나이가 들수록 병에 걸릴 확률도 높아진다. 이것을 어떻게 치료할 것인지가 생명과학에서 굉장히 중요한 분야다.

영생의 비밀을 품은 줄기세포

이제 좀 더 들어가서 세포가 어떻게 우리 몸의 기관을 만드는지 이야기해보자. 피부는 한 가지의 세포로 이루어져 있지 않다. 진피 세포가 있고, 위에 상피 세포가 있으며, 자세히 보면 털, 머리카락도 있다. 이처럼 피부 조직을 만들고 있는 세포는 다양한데, 늘 손상된다. 더구나 피부 세포는 외부 환경에 노출되어 있으므로 더욱 그렇다.

장 세포는 또 어떨까? 우리가 무언가를 먹으면 그 속엔 화합물이 있고, 장이 손상될 수 있는 여러 가지 요소가 들어 있다.

이렇게 세포가 손상되면 바로바로 치유해야 하므로 피부와 머리카락, 장 세포는 우리 몸에서 가장 활발히 세포 분열을 하는 대표적인 조직들이다. 그래서 이들 밑에는 '성체 줄기세포'라는 것이 존재한다고 받아들여지고 있다. 우리 몸 안에는 각 기관에서 손상당했을 때 다시 재빨리 복구해내도록 하는 원천 세포가 존재하는데, 바로 이것을 '성체 줄기세포'라고 일컫는다.

한 세포에서 모든 기관을 만들어낸다면 그 세포야말로 가장 중요한 원천 세포인데, 이런 의미에서 수정란은 모든 줄기세포 중에서 으뜸이라고 볼 수 있다. 그다음에는 배아 줄기세포라는 게 있지만, 그것은 원천 세포가 아니라 후에 만들어지는 세포다.

성체 줄기세포는 피부에도 있고, 장에도 존재한다. 이 줄기세포에서 세포가 다시 분열한 다음에는 '분화'라는 걸 거쳐서 조금 더 명백한 역할을 부여받게 된다. 하나의 세포에서 세포 분열을 거쳐서 기관을 특정하게 되기까지 발생과 분화를 같이 거치게 되는 것이다.

줄기세포야말로 영생의 비밀이라고 볼 수 있다. 진시황제도 원했던 '오래, 건강하게, 심지어 죽지 않고 사는' 영생은 줄기세포가 계속 존재하면 가능할 수도 있다. 줄기세포는 조직이 공격당하거나 손상되었을 때, 손상당한 것을 제거하면 다시 한번 분열을 해서 그 자리를 대신하는 세포를 만들어낼 수 있기 때문이다.

분열한 세포를 'TA 세포'라고 부르는데, 줄기세포는 그것이 분화할 수 있도록 하는 원천 세포다. 줄기세포 치료 같은 이야기가 나오는 것도 이러한 생명과학의 비밀을 알고 있기 때문이다.

그런데 줄기세포는 그렇게 많이 존재하면 안 된다. 줄기세포가 너무 많으면 암의 종양과 비슷하게 분열을 너무 많이 하게 되어 문제가 생기기 때문에 줄기세포는 아주 소수로 정해져 있다고 알려져 있다.

암은 어떻게 발생할까

2001년 노벨상은 암이 어떻게 탄생하는지를 밝혔다는 이

유로 세 명의 과학자에게 주어졌다. 그들은 릴런드 하트웰 Leland H. Hartwell, 팀 헌트 Timothy Hunt, 폴 너스 Paul M. Nurse로, 이 중에서 팀 헌트는 나의 스승 중 한 분이기도 하다.

하트웰과 폴 너스는 우리나라에도 방문했고 굉장히 유명한 학자들이다. 이들은 각각 효모 세포, 성게 알 같은 것을 연구했다. 앞서 DNA가 모든 생명체에서 같은 방식으로 분열하고 복제한다고 말했는데, 이들은 이 세포가 성장하는 비밀을 밝혀낸 사람들이다.

사실 이들 중 사람 세포를 연구한 사람이 한 명도 없다. 하지만 의학적으로는 암세포가 어떻게 탄생하는지를 밝혔기 때문에 생리의학상이 주어졌다. 나는 이들이 생로병사의 가장 은밀한 비밀을 밝혀낸 사람들이라고 본다.

개구리알이 수정되면 어떻게 분열할까? 수정은 난자에 정자의 DNA가 들어가는 순간부터 하나의 세포가 2개, 4개, 8개, 16개로 분열한다. 특이하게도 개구리알이나 초파리알 같은 것은 수정되는 순간 마치 싱크로 경기처럼 모든 세포가 동시에, 똑같이 분열한다. 굉장히 놀라운 일이다. 그러니까 분열하는 데 필요한 시간이 정해져 있다는 얘기다.

그런데 사람 세포는 그렇지 않다. 사람 세포의 DNA와 염색체를 살펴보면, 모든 세포가 동일하게 분열하지 않는다. 다른 세포들은 가만히 있는데 일부만 두 개의 DNA로 갈라지는 걸 볼 수 있다. 왜냐하면 각각의 세포 내에 여러 가지 미세 소관의 환경이 다르기 때문이다. 또한 염색체와 미세 소관의 부착 환경이 다를 때 각 세포가 자기 타이머를 가지고 있어서 그 시간에 맞춰 분열하기 때문이다.

이처럼 사람 세포가 분열하는 모습은 개구리알이나 초파리알과는 많이 다르지만, 세포가 분열하는 메커니즘은 사람이나 개구리나 결국 똑같다. 이것을 밝혀냈기 때문에 세 과학자의 세포 주기 연구가 노벨상을 받은 것이다.

같은 메커니즘을 가진 세포가 어떻게 성장하는지를 밝힌 팀 헌트Tim Hunt의 1985년 연구 노트를 살펴보자. 헌트 경은 세포가 성장하기 위해서는 단백질을 인산화할 수 있는 키나아제kinase 효소라는 것이 중요하다고 생각했다. 그전까지 사람들은 개구리알에서 보듯 어떤 인자(factor)가 있어서 이것이 "준비, 출발, 분열해!"라고 얘기해준다고 생각하고 있었다.

헌트는 이 방아쇠를 당기는 것이 무엇인지 매우 궁금했다.

그래서 그 방아쇠의 정체, 즉 생물 고분자를 밝히고자 했다. 이렇게 키나아제를 밝히려고 했지만 결과적으로 그가 밝혀 낸 것은 키나아제가 아니라 키나아제를 조절하는 '사이클린' 이라는 것이었다. 이 사이클린이 세포 주기의 핵심이 되었다. 그는 결국 집요하게 파고들어서 목적한 것보다 더 큰 것을 얻 어낸 것이다.

다음 그림처럼 세포 안에는 세포 주기의 컨트롤러가 있 다. 세포는 성장할 때 반드시 DNA 복제를 거치는데, 그 바 로 전에 갭이 한 번 있고 DNA 복제 후에도 갭이 한 번 있

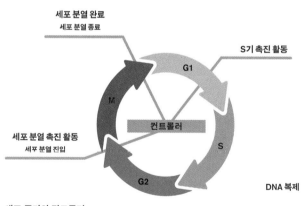

세포 주기의 컨트롤러

으며, 그다음에 분열기로 들어간다. 즉 G1, S, G2, M 과정으로 세포는 성장하게 된다는 것이 세포 주기다. 이 세포 주기를 발견한 세 과학자가 2001년 노벨상을 수상한 것이다.

물리화학적·분자생물학적으로 조금 더 들어가면 모든 세포 성장의 핵심은 '사이클린 디펜던트 키나아제Cyclin-Dependent Kinase'라는 키나아제 효소다. 이것을 영어 약자만 따서 'CDK'라고 부른다. 앞서 팀 헌트가 키나아제에 집착했다는 것이 바로 이것이다.

CDK의 정체를 밝힌 것은 릴런드 하트웰이다. 그런데 CDK는 그냥 혼자 있는 게 아니다. 어떤 특정 단백질이 나타났다가 없어졌다 하는 것을 반복하는 사이클린이 있어야만 효소로서 작용한다는 것을 알게 됐다. 이것이 바로 CDK 사이클린의 복합체가 세포 주기를 이끈다는 발견이다.

여담이지만, 과학자들은 항상 어떤 연구 결과를 내놓으면 발표를 한다. 요새처럼 인터넷에 빵 띄우면 모든 사람이 다 와서 댓글을 달아서 평가하는 게 아니라, 학술지에 기고하고 학술지에서 동료 평가를 한다.

동료들은 '이 논문이 여기에 실리는 게 좋겠다, 아니다' 하는 걸 평가하는데, 사실 동료 평가는 그 연구가 널리 알려지도록 좀 더 면밀하게, 비판적으로 보고 스토리를 완성하도록 도와주는 것이 목표다. 오늘날에는 약간 변질되어 경쟁자의 논문을 너무 심하게 비판해서 논문 출간을 지연시킨다든가, 못 내게 한다든가 하는 일도 있다. 인간 사회의 일이기 때문이다. 하지만 원래 논문 발표라는 것은 연구 결과를 널리 알리기 위한 것이다.

세포 연구에 대한 경쟁이 시작되던 무렵인 1980년대에 팀 헌트가 성게 알로 연구를 하고 있었다. 처음에는 키나아제를 보려고 했는데 성게 알이 분열할 때마다 어떤 단백질이 출현했다가 그다음에 분열하지 않을 때는 싹 사라졌다가, 다시 나타났다 하는 것을 발견했다. 그래서 자전거, 즉 사이클과 똑같다고 해서 사이클린이라는 이름을 붙인 다음에 주기적으로 변하는 세포들이 있다는 것을 발표했다.

그러나 처음 이 논문을 심사받았을 때는 단번에 거부당했다. '말이 안 된다. 이렇게 단백질이 나타났다 사라지나? 단백질은 한 번 DNA에서 RNA, 그다음에 단백질로 나오면 그냥 존재하는데, 왜 사라져? 사라지는 메커니즘은 뭐야? 말이 안 된다'라며 거절당한 것이다.

하지만 헌트의 연구는 확실한 데이터로 뒷받침하고 있었다. 결국 다시 한번 검토를 요청한 뒤 받아들여져서 《셀 CELL》이라는 과학계 최고의 잡지에 발표되었는데, 그게 사이클린의 첫 등장이었다.

그 후 2004년, 단백질 분해 메커니즘을 발견한 사람들이 노벨 화학상을 받았다. 그들이 노벨 화학상을 받을 수 있었던 것은 바로 앞의 데이터 때문이다. 팀 헌트가 발견한 사이클린이 앞서 설명했듯 단백질 분해 과정을 거친다는 것이고, 분해가 그냥 쓰레기 처리가 아니라 조절 기작이라는 걸 알게 됐기 때문이다.

과학자들은 사실은 옆에 붙어서 일하지 않아도 서로 영향을 주고받는다. 저마다의 연구와 발견이 이어지면서 묻혀 있었던 이전의 연구를 재발견하는 경우가 있는데, 이 경우가 바로 그 예다.

사이클린이 하는 일은 CDK를 활성화하는 것이다. G1, S, G2, M라는 각각 다른 기phase에 실제로 사이클린에서는 다른 것들이 작동한다. 파트너를 바꿔가면서 작동하는 모습은 마치 릴레이와 같다. 세포 주기에서 제일 중요한 건 결국 S기, 즉 복제기에 DNA가 복제한다는 것이다. 그리고 M기, 즉 분열기에 염색체가 둘로 나뉜다는 것이다.

염색체가 무엇인지는 뒤에서 설명하겠지만, 결과적으로 복제된 DNA가 고분자로 단단하게 얽혀져 있는 것이 염색체다. 그런데 그사이에 휴지기가 있다. 이 휴지기는 G1과 G2가 준비하는 기간이다. 결국 세포 분열의 클라이 맥스는 염색체 분열이 되겠지만, 이것이 모두 정교하게 잘 이어가고 에러가 없게 하느라고 세포 주기가 이런 네 개의 기간으로 구성되어 있는 것이다.

팀 헌트의 서명은 특별하다. G1, S, G2, M의 순환을 그린 다음 'the cell cycle(세포 주기)'이라고 쓰고, 밑에 '팀 헌트'라고 서명한다. G1, S, G2, M은 바로 생명의 비밀이다. 모든 진핵 세포는 세포 주기에 따라서 이렇게 분열한다.

전 세계에서 역사적으로도 전무후무하게 단 한 명만이 이런 서명을 할 수 있기에 나는 그의 서명을 사진으로 찍어서 보관하고 있다. 그가 노벨상을 수상한 것은 부럽지 않다. 세상에는 수많은 노벨상 수상자가 있고, 노벨상을 받지 않은 사람 중에도 훌륭한 과학자들이 많기 때문이다.

그런데 헌트의 서명만은 너무 부럽다. 내가 생명의 비밀에서 가장 근본이 되는 걸 밝혔다는 사실을 서명으로 삼을 수 있다는 것이 멋지지 않은가?

앞에서 사람 세포는 균등하게 분열하지만, 개구리 알과는 달리 동시에 분열하지는 않는다고 이야기했다. BRCA2라는 암 억제 유전자가 있다. BRCA2가 정상일 때는 아주 균등 분열을 하지만, 이 유전자가 망가지면 염색체 밑에 꼬리를 단 것처럼 비균등 분열을 한다. BRCA2는 실제로는 세포 주기, 특히 M기의 세포 분열을 조절한다. 그런데 망가진 세포에서는 BRCA2가 비균등 분열을 하면서 유전체가 잘못 나누어진다. 이것이 암의 원인이다.

DNA가 담겨 있는 것이 염색체라고 말했다. 염색체를 균등하게 분열하기 위해 미세 소관으로 구성된 방추사가 붙는다. 그런데 방추사가 제대로 형성되지 않거나 염색체와의 결합에 문제가 생기면 염색체가 균등하게 분배되지 못하고 잘못 나뉠 수 있다. 이 때문에 BRCA2의 망가진 세포가 비균등 분열을 하게 되는 것이다. 그래서 DNA뿐 아니라 염색체 분열도 체크해야 한다.

이러한 사실을 보면 우리가 세포가 어떻게 성장하고 분열하느냐를 공부한 것이 암의 비밀을 밝혀내는 데 90% 이상 일조했다는 것을 알 수 있다.

염색체의 균등 분열이 잘못되는 여러 가지 메커니즘은 결과적으로 새로운 염색체들을 만들어낸다. 실제로 옛날부터 염색체가 이상하면 암이라는 걸 알았던 것을, 현대에는 초정밀 염색 기법과 이미지 기법을 통해서 이제 확연하게 볼 수 있다.

모든 암세포는 사실 다 다르다. 그래서 복원되는 암세포를 하나의 현상으로만 설명할 수는 없다. 하지만 동시에 결국 유전체가 보존되지 못한 것이 암을 만든다는 아주 단순한 사실도 알아낼 수 있다.

세포의 여행에 대해 알려면 사실은 세포가 어떻게 대사하고 어떻게 해서 새로운 세포를 계속해서 만들어낼 수 있는지, 여러 가지 이야기를 아주 많이 해야 한다. 이제 그 첫발을 내딛으며 간략하게 세포란 무엇이고, 세포의 성장이 무엇이며, 그것을 주도하는 세포 주기의 조절이 무엇인지에 대해서 알아보았다.

세포 대사로 재정의하는
생명 현상

살아있다는 증거, 세포 분열

핵이 있는 진핵생물 중에서도 효모처럼 단일 세포인 종이 있고, 사람처럼 많은 세포로 구성된 생명 종이 있다. 사람처럼 다양한 기관으로 구성된 몸은 다양한 세포로 구성되는데, 사실 출발은 하나의 '수정란' 세포다. DNA의 양으로 보면 반수haploid인 정자와 난자가 만나 하나의 수정란 세포가 된다. 이 수정란은 2개로 이루어진 딸세포인데, 2개는 다시 4개, 8개… 등으로 포배기blastocyst까지 세포 분열을 한다.

그 후 이 많은 세포는 어떻게 될까? 이동하기도 하고 다른 신호들을 만나면서 '분화differentiation'를 한다. 이처럼 사람

같은 다기관 생명체에서 세포 분열은 각 기관으로 분화하기 위한 재료이며 전제 조건이다. 키가 자라는 것, 머리카락이 자라는 것, 침입한 바이러스를 퇴치하기 위해 면역 세포가 갑자기 늘어나는 것… 이 모든 것은 세포 분열을 전제로 한다.

그런데 효모처럼 단일 세포인 종의 세포도 계속 분열한다. 생명체는 반드시 계속 세포 분열을 한다. 세포의 정의부터 다시 돌아가보자. 1855년 루돌프 피르호는 "모든 세포는 세포에서 나온다"라고 했다. 세포 이론의 근간을 이루는 이 말부터 살펴볼 필요가 있다.

하나의 세포는 영원하지 않으며 반드시 죽는다. 대신 자기와 같은 DNA를 가지는 세포로 분열하여 많은 자손 세포를 만든다. 이것이 생명 현상의 기본이며 생명의 정의다. 또 생명이 무생물과 구분되는 지점이며, 바이러스가 온전한 생명이 아닌 이유다. 바이러스는 스스로 분열하지 못하며, 숙주 세포에 들어가 숙주 세포의 세포 기구를 이용해서만 자기의 유전자를 복제하고 증식할 수 있다.

생명체가 TV나 로봇, 컴퓨터와 다른 이유는 바로 스스로 자기와 같은 세포를 만드는 세포 분열 때문이다. 이렇게 똑같은 양과 질의 DNA를 딸세포로 전달하는 세포 분열을 '체세포 분열'이라고 한다.

생명을 낳는 생식 세포 분열

세포 분열에는 크게 두 가지 방식이 존재한다. 머리카락이 자랄 때, 바이러스 침입 후 면역 세포가 급격하게 증가할 때, 세포는 자기 자신과 똑같은 DNA를 2배로 만들고 하나의 세포가 두 개의 딸세포로 분열한다. 이런 방식으로 세포 분열이 일어난다. 중요한 점은 DNA는 단 한 번 복제되고 세포 분열도 단 한 번 일어난다는 것이다. 대장균 등 원핵 생물도, 진핵생물도 같은 방식으로 유전자를 복제하고 분열한다.

이와 달리, 정자와 난자의 생식 세포를 만드는 생식 세포 분열은 감수 분열이다. 즉 DNA는 단 한 번 복제되고 세포 분열은 두 번 일어나, 궁극적으로 엄마(모)세포에서 4개의 딸세포가 생기는 방식이다. 물론 4개의 세포가 모두 생식 세포로 완성되지는 않는다. 만일 그랬다면 우리 지구는 훨씬 옛날에 너무나 다양한 생명체로 우글우글 붐비다 괴멸했을 것이다.

생식 세포 분열은 체세포 분열과 달리 다양성을 목표로 한다. 아빠와 엄마 DNA에서 비슷한 상동 염색체가 짝을 맺지만, 1분열기에 염색체 간 교차를 통해 많은 유전자가 교환된다. 여기서 아주 중요하고도 재미있는 점은, 이렇게 유전자를 교환하는 염색체 간 교차가 일어나지 않는다면 그 세포는 생식 세포로 완결되지 못하고 죽어 없어진다는 사실이다.

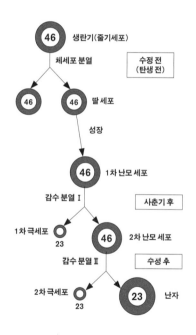

난자의 형성

생식 세포 분열에서 엄마에게서 온 염색체와 아빠에게서 온 염색체의 교환은 필수다.

생식 세포 분열의 목표는 유전적 다양성이다. 포유동물에서 정자는 생식기에 있는 성체에서 엄청 많은 수로 만들어진다. 즉 생식 세포 분열이 활발하다. 그러나 여성은 사람당 수정될 수 있는 난자의 수가 정해져 있다. 태어날 때 난자를 만드는 감수 분열 1기의 전기Prophase I에 세포가 정지되어 있다가 사춘기 이후 호르몬 작용으로 중기 I까지 1차 난모 세포 하나와 극세포polar body를 이룬다. 배란 전에 1차 난모 세포는 체세포 분열 방식인 제II분열로, 2차 난모 세포 1개와 2개의 극세포로 분열한다.

배란되는 난자는 중기 II에 멈추어 있다. 수정되지 않으면 월경으로 배출된다. 정자를 만난 난자는 다음 그림과 같이 중기 II에서 생식 세포 분열을 완결한다. 그리고 반수의 정자와 난자의 유전 정보가 합쳐져 단일 세포의 수정란, 즉 또 다른 생명이 시작된다.

줄기세포와 암세포가 닮아 있다?

암세포는 체세포 분열 과정을 거친다. 그런데 정상 세포와 다른 점은 무엇일까? 바로 돌연변이율이다. DNA가 복제될 때마다, 세포가 일을 하느라 대사를 할 때마다, 세포 외부의 성장 신호 등 환경에 반응할 때마다 DNA는 손상되고 변할 수밖에 없다.

그러나 DNA 복제 중합 효소가 에러 교정 기능을 가졌고 DNA가 손상된 후 다양한 복구 기전이 있기 때문에 보통 10^{-9}/유전자/세대 정도의 돌연변이율을 보인다. 그러나 암세포는 정상 세포보다 백만 배 정도로 돌연변이율이 높다. DNA가 계속 변한다는 뜻이다. 그래서 체세포 분열을 하지만, 계속해서 다른 세포를 생산해내는 것이다. 대체 왜 이러는 걸까? DNA 손상 후 복구 반응, 세포 분열 기전, 세포 사멸 기전 등이 변형되어 있기 때문이다.

이처럼 변신의 황제인 암세포는 무한 분열한다고 말한다. 그런데 원래 세포가 남아 있기보다는 엄청나게 많은 돌연변이 세포를 생산하고 그중에 환경에 잘 살아남은 세포가 암을 만드는 것이다. 이렇게 만들어진 고형암은 딱딱한 암덩이가 되어 혈관을 많이 만들고, 이후 혈관을 뚫고 들어가 돌아다니다 다른 기관에 안착해서 전이할 수 있는 악성의 기능을 가진다. 그 기저에 세포 분열이 있다.

물론 환경에 적합하지 못한 암의 딸세포들은 죽어 나간다. 암세포는 죽지 않는다는 것은 거짓인 명제다. 암세포는 많이 태어나고 많이 죽는다. 변화하는 환경에 가장 적합한 놈이 살아서 악성으로 끈질기게 나쁜 짓을 하고 다닌다고 보면 된다. 유전자와 염색체의 돌연변이가 그 이면에 있고, 끝없이 분열하는 세포 분열이 그 마당이다. 암세포의 진화에서는 다윈의 자연선택설이 틀림없이 맞아떨어진다.

성인이 된 사람의 기관은 분화된 세포로 이루어져 있으니 세포 분열이 적다. 그러나 상처가 났을 때 세포는 재생되어야 하는데, 이를 뒷받침하는 원시 세포는 줄기세포다. 줄기세포는 천천히 분열한다. 즉 분열능을 가지고 있지만 가만히 있다가 필요에 의해 분열한다.

분열하는 방식도 특이하다. 하나의 줄기세포에서 하나의 줄기세포와 더 빨리 분열하지만 분화할 수 있는 세포를 제공하는 임시 증식 세포transit amplifying cell, TA cell로 분열한다. 이렇게 비대칭 분열하는 줄기세포의 세포 분열 방식 때문에 줄기세포는 자가 증식self amplifying 능력이 있다고 말한다. 이게 어떻게 가능할까?

줄기세포의 숫자가 일정하게 유지되어야 전 기관의 항

상성이 유지된다. 만일 줄기세포가 너무 많다면 암이 생길 가능성이 있다. 실제로 많은 줄기세포 임상 시험에서 암 발생이 부작용으로 지적되어 승인되지 못했다. 실험실에서도 줄기세포를 배양하다 흔하게 겪는 실패가 암화된 줄기세포를 키우게 되는 일이다.

줄기세포 치료가 아직도 요원한 이유는 바로 암세포가 줄기세포를 일부 닮았다는 점에 있다. 어쩌면 암은 하늘에서 떨어진 나쁜 녀석이 아니라, 줄기세포라는 아주 훌륭한 보험 세포의 발생과 분화 과정을 사생아처럼 유용해버린 나쁜 녀석이 만들어낸 질병인지도 모른다.

우리가 가장 건강할 때

세포의 성장은 크기가 커지는 것과 숫자가 많아지는 것으로 나눌 수 있다. 세포 분열을 통해서 생산된 많은 세포가 신호를 주고받으며 함께 소통하면서 적절하게 건강한 기관의 임무를 다하게 된다.

만약 세포가 분열하지 않고 RNA 양, 단백질, 당, 지질, 대사 산물 등만 많아진다면? 거대 세포가 될 터인데 혼자서 모든 걸 다 하느라 소위 단백질 스트레스, ER 스트레스

등 세포 항상성이 파괴되어 병이 일어나기 전 현상이 생긴다. 간이 하나의 세포로 이루어져 있다고 치자. 이 세포가 문제가 생기면 간이 기능을 못 하게 된다.

그런데 많은 세포로 이루어진 간이라면, 하나가 문제가 생겨도 다른 많은 간세포가 일을 할 수 있다. 하나보다 '함께'가 더 안전한 법이다. 가장 건강한 상태는 노쇠한 세포는 적절히 사라지고, 건강한 세포가 일을 하는 상태다.

젊을수록 암이 더 빨리 진행된다는 말
을 한다. 실제로 암세포는 건강할수록
더 활발해지는가?

일부 맞는 이야기다. 젊은 사람들에게 생긴 암이
나이가 많은 사람들의 암보다 훨씬 더 빨리, 무섭
게 진행되기 때문에 병세가 더 나빠진다는 것은 임
상적으로는 알려진 사실이다. 이것은 세포의 성
장과 직결된 문제라고 볼 수 있다.

그래서 소아암 같은 것이 굉장히 힘든 암이라
고 할 수 있다. 왜냐하면 소아기는 세포가 계속해

서 분열해서 키도 크고, 여러 가지 양적으로 성장해야 하는 때이기 때문이다. 그런데 이때 암세포가 탄생하면 더 빨리, 많이 분열한다. 그러면서 더 많은 돌연변이를 만들고, 그만큼 병세가 악화될 수 있다.

줄기세포 추출물이 담긴 화장품 광고가
보인다. 과학적으로 효과가 있는 걸까?

일부 연구에서 줄기세포 추출물이 피부 재생, 주름 개선, 보습 등에 긍정적인 영향을 미친다는 데이터가 있으나 주목할 만한 논문으로 발표될 정도의 과학적 근거는 충분하지 않다. 따라서 비싼 비용을 지불할 가치가 있는지는 소비자가 판단할 일이다. 우선 화장품 제조에 사용되는 줄기세포는 실제 줄기세포가 아니다. 보통은 식물 줄기세포나 인간의 지방 유래 줄기세포 추출물을 사용하거나 줄기세포를 배양할 때 쓰는 영양분을 활용하는 것으로 보인다. 줄기세포가 상처 난 피부의 재생, 주름을 완화하는 데 가장 직접적인 영향을 미치는 것은 사실이다. 그러나 줄기세포 추출물이나 농축된 배양액은 줄기세포를 잘 자라게 하는 단백질 아미노산으로, 그들이 분해되지 않고 얼마만큼 오래 화장품 안에서 효과를 발휘하는가는 증거가 뒷받침되지 않는다.

또 피부의 줄기세포는 켜켜이 쌓인 피부층의 가장 밑 진피 위에 일부 존재하는데, 여기까지 핵인 없는 극도로 분화된 피부 바깥층에 바른 화장품이 얼마나 줄기세포가 있는 벌지bulge에 당도할지는 미지수다. 참고로 피부를 재생하는 줄기세포는 머리카락도 만들 수 있어 탈모 치료도 가능하다. 탈모 치료는 제약 시장의 가장 '핫한 아이템'이기도 한데, 줄기세포 화장품이 탈모 치료에도 효능이 있는지 살펴볼 일이다.

화장품의 효능을 알아보려면 징기긴 많은 사람을 대상으로 한 연구가 필요한데, 세계 화장품 업계는 동물 실험을 하지 말라는 사회 기업으로서의 요구를 받고 있고, 임상 시험처럼 많은 사람을 모집하여 장기간의 사람 대상 연구를 하는 것도 화장품 회사 입장에서 여의치가 않다.

암의 치명률도 세포와 관련이 있는가?

그렇다. 담관암이나 췌장암 등은 흔하지는 않은데 굉장히 치명률이 높다. 모든 암이 다 유전체가 망가져서 생기는 건데, 왜 췌장은 치명적이고, 위는 상대적으로 괜찮은지에 대해 연구하며 조금씩 이해해나가고 있다.

아직 완벽한 답을 할 수는 없지만 결과적으로 세포 특이성, 세포의 기관이 가지고 있는 여러 가지 미세 환경과 어떤 요인의 작용 등이 다 관련이 있다. 따라서 세포와 암의 치명률은 관련이 있다고 봐야 할 것이다.

2부_____

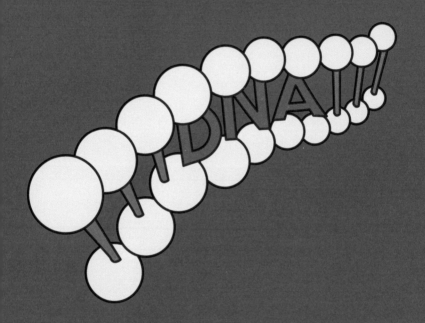

인간은
오래 살면

반드시

암에
걸린다

"오래 살게 되면서 우리 모두 언젠가는 다 암에 걸리게 되어 있다"라는 말이 있다. 이 말은 불안해하라는 말이 아니라, 우리의 수명을 결정하는 요인이 암이라는 사실을 말하는 것인지도 모른다.

인류사와 함께한
암의 역사

누구나 암에 걸릴 수 있다

내가 서울대학교 생명과학부에서 운영하는 연구실의 이름
이 '암세포 생물학 연구실'이다. 분자 생물학에 대한, 특히
정상 세포가 어떻게 암세포가 되는지에 대한 호기심과 궁
금함으로 여기까지 온 것 같다.

그럼 암에 대해서 알아보자. 암은 왜 이렇게 우리를 괴
롭히고 두렵게 하는 걸까? 퓰리처상을 받은 싯다르타 무케
르지Siddhartha Mukherjee의 『암The Emperor of All Maladies』이라는 책이
있다. 제목에서 알 수 있듯 모든 질병의 황제라고 할 수 있
는 암에 관한 책이다.

이 책의 표지 가운데에는 'cancer(암)'라는 글자와 함께

게 그림이 그려져 있다. cancer는 그리스어로 '게'라는 뜻이고, 게자리도 cancer라고 한다. 암과 게자리의 이름이 똑같은 것이다. 암에서 뻗어나가는 듯한 혈관의 모양이 게와 같다고 해서 히포크라테스가 암을 cancer라고 명명했다고 한다.

암은 악성 종양을 이야기하며, 양성 종양은 암이라고 부르지 않는다. 악성 종양은 양성 종양과 어떻게 다를까? 2012년 기준, 전체 사망률의 17%를 차지한 것이 암이다 (2012년 데이터이지만 지금도 거의 비슷할 거라고 본다). 그중에 가장 흔한 것이 폐암, 대장암, 위암, 유방암이다.

선진국이라고 칭하는 곳에서는 사망률 원인 2위가 암이고, 개발도상국에서는 사망률 원인 1위가 암이다. 왜 이런 차이가 나타날까? 상대적으로 개발도상국보다 선진국에서 의학·의료 서비스가 발달해 암을 발견하는 진단율이 높은 것이 그 이유 중 하나로 추측된다.

미국 MIT에 로버트 와인버그Robert Weinberg라는 암 생물학의 거두가 있다. 그는 "오래 살게 되면서 우리 모두는 언젠가는 다 암에 걸리게 되어 있다"라고 말한다. 이 말은 불안해하라는 말이 아니라, 사실은 우리의 수명을 결정하는 것이 암이라는 사실을 말하는 것인지도 모른다.

암은 노화와 연관되어 있다. 즉 오래 살수록 암에 걸릴 확률은 올라가게 되어 있다. 예를 들어볼까? 65세 이상 남성에서는 전립선암의 발병률이 80% 정도 된다. 인류의 수명이 늘어나면서 전립선암이 더 많이 발견된 것이다. 36%는 갑상선암이다. 이런 암의 특징은 나이가 들수록 매우 느리게 진행된다는 것이다.

다음은 17세기 네덜란드의 작자 미상의 그림이다. 클라라 자코비Clara Jacobi라는 여성을 그린 그림인데, 그림 왼쪽에는 큰 종양 덩어리가 보인다. 이 종양 덩어리를 딱 잘라냈더니, 그림 오른쪽의 말짱한 모습을 한 클라라 자코비가 됐

클라라 자코비의 두 모습

다는 것이 17세기 서양인들이 종양에 관해 가진 생각이었다. 즉 종양은 잘라내버리면 괜찮을 수 있다고 생각했다. 양성 종양만 그런 게 아니라 암도 그렇다고 믿었다.

그후 몇 백년이 지났지만 여전히 암을 쉽게 생각할 수 없다. 그 이유는 암이 생각보다 인류를 오랜 기간 괴롭혀온 전적이 있기 때문이다. 이는 생각보다 무서우리만큼 긴 역사를 자랑한다.

암에 대한 기록을 찾아봤더니 암의 기록은 사실 인류 역사와 함께했다고 보는 것이 맞다는 걸 알게 되었다. 인류가 탄생했을 때부터 암이라는 질병에 대해서 두려움을 가지고 있었고, 기록했다고 보는 것이 맞다. 암이 최근에 발견된 새로운 질병은 아니라는 것이다.

가장 오래된 기록은 실제로 문자의 기록과 같이한다. 기원전 1600년에 이집트의 파피루스에서 유방암에 대해 기록한 것이 서양의 최초 기록이다.

히포크라테스는 여러 종류의 암에 대해서 기록하기도 했다. 그가 암을 게cancer와 똑같은 단어로 부른 이유는 앞서 말했듯 암세포의 혈관 모습이 게의 다리와 비슷하다는 점도 있지만 만졌을 때 딱딱한 덩이가 있기 때문이다.

이것이 서양의 이야기다. 그렇다면 동양의 한의학에서는 어땠을까? 동양에서도 암에 대해 기록을 했다. 은허 시대의 갑골문자에서도 암에 관한 기록이 발견되었다. 동양에서도 서양과 똑같은 현상을 기록했는데, '바위 암嵒'과 '쌓일 적積'을 붙여 '암적'이라고 불렀다. 딱딱하게 쌓여 있는 것을 암이라고 한 것이다.

한의학 서적에서 암을 기록한 것은 『황제내경黃帝內經』이다. 이 기록이 기원전 3세기에 나타났으니 서양의 기록보다 100년 이상 빠른 것이다.

그러나 동양에서는 수술을 하지 않았고, 서양에서는 17세기에도 수술을 했다. 이것 때문에 암의 치료는 서양의 의학이 동양의 의학을 앞지르게 된 것이라고 나는 개인적으로 생각하고 있다.

한국인의 생명을 위협하는 암

한국인의 5대 위험 암은 다 알 것이다. 위암, 대장암, 폐암, 간암 그리고 췌장암이다. 그런데 이 중에서 일찍 수술할 수 있는 암들은 지금은 다스릴 수 있는 암이 되었다. 암은 이제는 스스로 목숨을 끊어야 할 정도로 두려워할 병이 아니

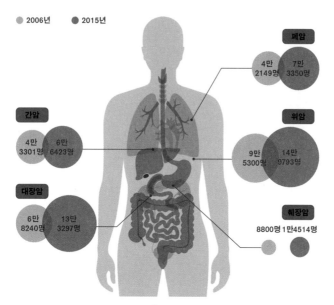

폐암
4만 2149명 7만 3350명

간암
4만 3301명 6만 6423명

위암
9만 5300명 14만 9793명

대장암
6만 8240명 13만 3297명

췌장암
8800명 1만4514명

한국인의 5대 고위험 암 진료 환자 수[1]

라고 생각한다. 많은 암을 다스릴 수 있게 되었다.

　문제는 희소 암이나 표적 항암제 같은 항암제가 개발되지 않은 암, 즉 몇 명 없는 암이 있다는 것이다. 그래서 암을 정복했다고 말할 수는 없지만, 다스릴 수는 있게 되어가고 있다.

　우리 어머니는 뉴스에서 어떤 암의 치료제가 나왔다고

하면 '이제 암 연구는 끝났나 보다, 우리 딸이 연구할 게 없 겠구나' 하고 걱정을 한다. 불행인지 다행인지, 그런 어머 니에게 나는 걱정하지 않아도 연구할 게 아직 많다고 얘기 한다.

기본적으로 생명체의 비밀을 밝히는 게 암 생물학과 직 결되어 있다. 1부에서 이야기했듯이 DNA의 복제 기작이 다 끝난 줄 알았더니, 새로운 게 나오고 또 나온다. 마찬가 지로 생명의 비밀은 파헤칠수록 더 많은 질문이 나온다.

최근에는 희소 암이라고 하는 췌장암, 쓸개암 등에 관한 연구도 활발하게 이뤄지고 있다. 이런 암들이 발병하게 되 는 원인, 즉 그 유전자의 메커니즘을 모르기 때문에 구체적 인 타깃을 통한 치료제가 전혀 없다. 따라서 이제는 수술이 답이 될 수 없는 암들에 관해 절실히 필요했던 연구가 진행 되고 있다.

암의 정체를 밝혀라!

그렇다면 암이란 무엇인가? 세포 생물학자이자 분자 생물 학자의 관점에서 이야기해보겠다.

먼저 암이란 무한 증식을 하는 것이다. 하나의 세포가

그대로 있다고 하면, 암이 덩이를 만들지도 않기 때문에 그 세포는 괜찮다. 문제가 없다. 혹시 이상이 감지되면 면역계가 치료까지 한다. 암은 그 와중에도 계속해서 딸세포들을 만들어낸다. 무한 증식하는 것이다.

이 얘기는 최초의 암세포 하나가 처음부터 끝까지 영생한다는 얘기는 아니다. 어느 드라마에서 암세포도 생명체라고 얘기했는데 그건 아니다. 암세포는 영생하지 않는다. 수없이 많이 죽어 나간다. 그러나 매우 많은 딸세포를 만들어내기 때문에 계속 새로운 세포들이 아수라 백작처럼 무한 증식한다. 결코 처음에 태어난 세포가 똑같이 계속 살아 있는 것은 아니다.

또한 'cancer'라는 말에서 보았듯이 게의 다리처럼 암 주변으로 새로운 혈관을 많이 만들어내는 것이 악성 종양의 특징이다. 혈관을 많이 만들어내서 다리를 뻗듯이 암 덩이가 영양분을 모두 다 갈취해 가는 것이다.

다음으로 악성 종양에는 양성 종양과 완전히 다른 특징이 있다. 그건 바로 암세포가 다른 기관으로 이동한다는 것이다.

예컨대 처음에 유방에서 암이 생기면 뇌로 가서 기관을

침투해서 새로운 종양이 안착하게 된다. 이것을 '전이'라고 부른다. 이것이 바로 악성 종양이 양성 종양과 완벽하게 대비되는 면이라고 볼 수 있겠다.

또한 암은 염증을 동반하기도 하며 염증이 암의 원인이 되기도 한다. 그래서 계속되는 만성 염증은 별로 좋지 않다. 이와 관련된 내용은 뒤에서 좀 더 다루도록 하겠다.

악성 종양의 또 다른 특징은 면역계를 회피한다는 것이다. 우리 몸의 면역계가 암세포를 이상한 놈이라고 인식해서 죽여버리면 괜찮은데, 암세포는 면역계를 회피하기 때문에 악성 종양으로 계속 발전하는 것이다.

이렇게 다양한 특징들을 획득하려면 엄청나게 많은 변신과 변신을 거듭해야 하는데, 이것이 바로 암세포의 발생과 발달 과정이라고 볼 수 있겠다. 그 변신이 어떻게 이루어지는지를 공부하는 것이 암 생물학에서 초기 암세포를 대하는 자세다.

암의 발생 원인을 찾아서

사실 과학은 무언가의 기저에 흐르는 법칙을 알아내고자 하는 것이다. 그냥 이럴 때는 이렇고, 저럴 때는 저렇다 하는 것은 과학이 아니다. 암이 왜 탄생하는지, 그 아래에 어떤 법칙과 질서가 있을 거라고 생각하고, 그것을 밝히는 것이 과학이다.

과학적 사고가 생기면서는 암의 발생 원인을 당연히 고민했다. 유방암, 전립선암, 간암이 다 다르다고 원인이 모두 다른 것은 아닐 텐데, 그럼 발생 원인은 무엇일까?

최초의 그럴듯한 이론은 바이러스 설이었다. 바이러스 중에서 일부가 사실은 암을 만들기도 한다. 대표적으로 파필로마 바이러스human papilloma virus, HPV, 사람 T세포 백혈병 바이러스 human T-cell lymphotropic virus, HTLV 등이 있다.

그래서 바이러스가 암이 원인은 아닐까 하고 생각했는데, 이것을 처음으로 증명해낸 사람은 1910년에 페이턴 라우스Peyton Rous다. 그가 사람의 암으로 연구한 것은 아니다. 모든 포유동물과 척추동물이 다 암에 걸리므로 그는 조류, 닭의 날개에서 종양의 일종인 육종sarcoma을 발견한 다음에 바이러스인지 아닌지를 실험했다.

그는 우선 육종을 갈아서 세포를 다 부쉈다. 그런 다음에 어떻게 보면 가제 같은, 구멍이 촘촘히 있고 구멍의 크기도 정해져 있는, 바이러스만 통과할 수 있고 세포 덩이는 통과할 수 없는 필터를 이용해 거른 다음, 나온 즙을 다른 닭에 주사했다. 그랬더니 그 닭도 똑같이 육종에 걸렸다. 그다음에 또 거기서 갈아서 같은 방식의 실험을 했더니 똑같이 육종에 걸렸다.

이는 암을 유발하는 어떤 요인이 필터(망사)를 통과한 것에서만 나왔다는 뜻이다. 그러니까 그건 크기가 정해져 있는 것이다. 이것을 보고 그것이 '거를 수 있고(필터링할 수 있고)', '어딘가에 들어가서 증식할 수 있다'는 것, 유전체가 있다는 것 때문에 바이러스가 암의 원인이라고 이야기했다.

이 의견은 한 40년 동안 받아들여지지 않았다. 하지만 이후에 다른 사람들이 반복적으로 이 사실을 증명해내면서 바이러스가 암의 원인일 수 있다는 사실이 받아들여졌다. 페이턴 라우스는 라우스육종 바이러스[Rous sarcomavirus]가 암의 원인이라는 걸 밝히고, 1966년에 노벨 생리의학상을 수상했다. 1910년에 발견했는데 1966년에 수상했으니 56년 만에 수상한 것이다.

바이러스가 암을 만드는 예는 조류인 닭에도, 설치류인 쥐에도 많이 있다. 물론 사람에게도 바이러스가 암을 만드는 예가 있다.

그러나 모든 바이러스가 암을 만들지는 않는다. 우리 모두를 괴롭힌 코로나19 같은 바이러스는 절대로 암을 만들지 않는다. 독감 바이러스도 암을 만들지 않는다. 훨씬 더 많은 바이러스는 암과 무관하다. 바이러스가 염증을 만들 수는 있지만, 암을 만드는 일부의 바이러스가 있을 뿐이다.

따라서 바이러스 설은 암이 왜 발생하는지에 대해서 근본적인 문제를 해결해주지 못했다. 즉 일부 암의 원인이 해결된 것이지 대부분 암에 대해서는 이 바이러스 설이 맞지 않았다.

그러다가 이번에는 '결국은 DNA 손상이 암의 원인이 아닐까?' 하는 생각이 등장했다. 왜냐하면 암은 증식하는 것인데, 증식한다는 것은 유전체가 계속해서 복사됐다는 뜻이기 때문이다. 그래서 DNA가 망가진 게 암의 원인이라는 가설을 세우고 여러 가지 실험을 하게 된다.

예를 들어 1975년에 브루스 에임스Bruce Ames는 살모넬라균으로 실험을 했다. 이 외에도 여러 실험을 통해 DNA 손상은 결국 돌연변이를 만들어내고, 그 돌연변이는 더 나아가 1천만 개의 다른 모양과 성질을 지니도록 변신을 거듭하는 원인이 된다는 생각을 하게 된다. 오늘날 이 가설은 완전히 완벽하게 받아들여졌다. 그래서 암은 DNA 손상이 원인이고, DNA를 담고 있는 유전체가 불안정하게 되는 것이 암이다. 즉 암은 유전체의 불안정성으로 인한 질병이라고 결론 내릴 수 있다.

이 가설은 여러 가지 가설을 포함하게 되는데, 앞에서 언급한 페이턴 라우스의 바이러스 설도 해당한다. 나중에 봤더니, 1980년대에 밝혀진 것이지만 페이턴 라우스의 RSV에도 유전체 불안정성을 유도하는 바이러스 유전자가 있었다.

그게 사람의 세포에 들어가거나 닭의 세포에 들어갔을 때 엄청나게 많은 세포 분열을, 그것도 아주 이상하게 일으킨다는 것, 그러므로 DNA가 망가진다는 점을 알게 된 것이다. 결국 이 바이러스도 유전체 불안정성을 유도했기 때문에 암을 일으켰다고 얘기할 수 있게 되었다.

그러므로 '암은 유전체의 불안정성에 의한 질병이다'라는 이야기는 바이러스 설도 포함하며, 염색체 이상 분열에 해당하는, 1부에서 설명한 염색체 이론도 다 포용하게 된다.

결론적으로 암은 유전자가 계속해서 돌연변이가 되어

변신에 변신을 거듭하게 하는 병, 그래서 다른 조직도 파괴해 문제가 되는 병이다. 따라서 나는 암이란 '유전체가 불안정한 질병'이라고 보고 있다.

암이 치명적인 이유

유전체가 손상되면 그다음에는 어떤 일이 일어날까? 가장 먼저 돌연변이가 발생한다. 하나의 세포에서 출연해서 엄청나게 많은 돌연변이를 만들어낸다.

이런 돌연변이는 면역계도 회피하게 되고, 엄청나게 많이 성장한다. 세포 주기도 망가지고 계속 분열만을 거듭하게 되면 덩이가 된다. 덩이가 된 다음에는 혈관에 침투한다. 혈관을 타고 다른 데로 이동하다가 어떠한 신호를 받고는 전이하게 된다. 이를테면 유방암에서 유래한 암이 혈관을 통해 뇌로 가서 뇌암이 되기도 한다. 이것을 '암의 전이'라고 부른다.

악성 종양의 특징은 바로 이러한 변신, 침입, 전이라고 하겠다. 암은 이러한 과정을 거치기 때문에 생명을 위협하게 되는 것이다.

어떤 부정적인 사회 현상을 얘기할 때 '암 조직'같이 암에 빗대서 얘기하는데, 사실 맞는 말이다. 위법적인 행동이나 잘못된 것들이 세포 분열을 하듯 번지고, 나쁜 사람들을 만들고, 그 현상이 다른 조직으로 침투하게 되고, 사회를 망가뜨리는 것을 암이라고 표현하는 것이다.

사회 현상은 생명 현상과 닮아 있기에 생명 현상으로 사회를 설명할 수 있는 사례를 생명과학자로서 나는 많이 경험한다. 세포가 특히 우리 생활에서도 많이 인용되곤 한다. 기업에서 조직을 '셀(세포) 단위'라고 부르는 사례도 있다. 이처럼 생명과학의 세포에 대해 알면 우리 몸에 관해 알게 될 뿐 아니라 우리 사회에 관한 영감과 교훈을 얻을 수도 있을 것이다.

항암제의 원리

암에 대해 인류가 밝혀온 역사로 돌아가보자. 처음 다룰 주제는 슬프면서도 교훈을 주는 역사다. 그건 바로 최초의 항암제는 전쟁 무기였다는 사실이다.

제1차 세계대전 때 적진을 공격하려는 목적으로 머스터드 가스mustard gas라는 화학 무기를 사용했다. 많은 사람이 이 무기에 죽었다. 이 무기는 제2차 세계대전 때도 쓰였다.

연합군이 어떤 섬을 공격해서 초토화하는 데 이 무기를 썼다고 한다.

그만큼 이 물질은 너무나도 강력한 화학 물질이어서 생명체의 모든 세포를 파괴한다. 이것을 나중에 아주 약하게, 농도를 엄청나게 희석해서 썼더니 DNA만을 공격하는 걸 알 수 있었다. 머스터드 가스는 분열하는 세포의 DNA(성장하지 않는 세포에는 들어가봤자 복제를 안 하므로 효과가 없다)에 들어가서 복제를 건드리게 되는데, 세포가 굉장히 많이 분열하는 암세포의 DNA에 들어가면 돌연변이가 아주 많이 생긴다.

무시무시한 돌연변이가 생기면 세포에서는 세포 주기 체크포인트 등 다른 조절 메커니즘이 작동하게 되고, 너무 심하면 암세포를 죽여버린다. 세포 사멸이라는 과정을 통해서 암세포를 죽이는 것이다.

이처럼 DNA 복제를 건드리는 것이 요새 많이 쓰이는 항암제의 작동 원리다. 성장하는 모든 세포에서는 DNA 복제가 이뤄지기 때문에 분열이 비정상적으로 일어나는 암에서 DNA 복제를 건드리는 것이다. 어떻게 보면, 성장하는 모든 세포가 바로 암이라고 가정하는 것이다.

요새는 좋은 항암제가 많이 나왔지만, 얼마 전까지만 해도 드라마에서 항암제 치료를 받다가 머리카락이 다 빠지고 구토하는 장면이 나오곤 했다. 성장하는 세포인 줄기세포들을 항암제가 죽일 수 있기 때문이다. 두피는 줄기세포가 있는 곳이기에 머리카락도 다 빠진다. 또한 장은 항상 매일 새로운 세포를 만들어내야 하는 곳이다. 그런데 항암제가 들어가서 성장하는 머리카락 세포나 장 세포를 공격하는 것이다.

다행히도 암세포를 죽이고 난 다음에 우리의 정상 세포가 괴로움을 견딜 수 있게 되면, 즉 세포 주기 체크포인트 등이 작동해서 견디게 되면 새로운 세포를 다시 만들어낼 수 있다. 따라서 부작용의 기간을 거친 후에는 다시 건강해질 수도 있다는 것이 항암제의 특성이다.

정리하면, 지금 현장에서 쓰이는 여러 가지 항암제가 기원을 따지고 보면 이 비극의 화학 무기 머스터드 가스에서 나왔다는 이야기다. 무한 증식하는 암세포의 특성상 이 화학 물질에 민감하게 반응해서 항암제로 쓰이게 된 것이고, 이게 지금까지 가장 널리 쓰이는 항암제다.

비록 전쟁 무기에서 시작되었지만 치료하겠다는 목적

으로 암을 연구하면서 암에 대해서 알게 된 것이 훨씬 많고, 생명의 비밀을 밝히고자 분자생물학을 연구하다가 알게 된 것도 많다. 이 두려운 암에 대해 알아보자는 마음에서 더 많은 연구를 하게 된 것이다.

현대 과학이 풀어낸
암의 비밀

분자생물학의 시작

노벨상 이야기를 해보자. 노벨상의 역사를 보면 암 연구의 역사가 보인다.

첫 번째로 소개할 과학자는 원래 암에 관한 연구를 하려고 했던 것은 아니다. 유전이 어떻게 되는지를 보고자 시작한 것이 암 연구에 가장 혁혁한 공로를 세우게 되었다.

어떤 과학자가 노벨상을 받는다는 것은 최고의 영예겠지만, 더한 영예는 나도 노벨상을 받고 제자들도 노벨상을 받는 것이다. 1962년의 노벨상이 그러했다.

1962년 노벨상을 받은 과학자는 내가 존경해 마지않고, 생전에도 많이 만난 위대한 스승이다. 그는 바로 분자

생물학의 아버지라고 할 수 있는 맥스 퍼루츠Max Perutz다. 그는 단백질과 DNA 구조를 보고 그 구조를 규명하면, 즉 물리 화학적인 구조를 규명하면 생명의 신비를 밝힐 수 있겠다고 생각해서 케임브리지 대학의 캐번디시 연구소Cavendish laboratory에서 생명에 대한 연구를 시작했다. 이것이 바로 오늘날의 분자생물학이 되었다.

캐번디시 연구소는 전자를 발견한 조지프 존 톰슨Joseph John Thomson이나 앙투안 로랑 라부와지에Antoine Laurent Lavoisier, 제임스 클러크 맥스웰James Clerk Maxwell 등 전자파와 물질의 이론들을 밝혀낸 사람들이 거쳐 간 유명한 연구소다. 분자생물학을 시작한 사람이 맥스 퍼루츠인데 그의 제자가 1부에서 살펴본 프랜시스 크릭이며, 포스닥(박사후 연구원)이 제임스 왓슨이다.

1962년에 맥스 퍼루츠는 캔더릭 존스와 같이 헤모글로빈과 미오글로빈이라는 단백질의 구조를 엑스레이 회절 기법, 즉 재료공학이나 물리학에서 쓰는 현미경적인 기법을 이용해서 최초로 생명 고분자의 구조를 밝혀 노벨 화학상을 받았다. 이것이 현대 구조생물학의 시작이다.

그리고 그의 제자인 프랜시스 크릭과 제임스 왓슨은

DNA의 구조인 이중 나선이 왜 유전자인 것을 설명하는지를 밝혀냈다는 공로로 노벨 생리의학상을 받았다. 한 연구실에서 화학상과 생리의학상을 모두 받아낸 전무후무한 예다. 이는 분자생물학의 시작을 알리는 동시에 분자생물학의 시대를 완전히 열어 젖힌 사건으로, 오늘날 바이오 시대로 도약한 계기가 되었다.

생명의 비밀을 물리 화학적으로 풀다

분자생물학이 물리학 연구소에서 시작되었다는 점은 상당히 재미있는 사실이다. 즉 옛날의 생물학은 관찰을 기반으로 기록하는 것이었고, 유전이 어떻게 되는지는 어떤 과학 법칙으로 설명할 수 없었다.

최초로 그것을 조금 기술한 것이 멘델의 유전 법칙이다. 어떤 유전 물질이 유전된다는 걸 밝힌 것이다. 그래서 수학적 계산도 할 수 있게 되었다. 그 유전 물질의 정체를 밝힌 것이 바로 분자생물학이다.

그렇다면 분자생물학은 어디서 시작됐을까? 바로 캐번디시 연구소라는 물리학 연구소에서 시작했다. 이는 사람들의 생각이 변화했기 때문에 일어난 일이다. 옛날에는 물리가 가장 위대하다고 했다면, '다시 생각해보니까 생명의 비밀을 물리 화학적으로 밝히는 것, 그것이 진짜 과학이 아니겠는가?'라는 생각을 하게 된 것이다.

이것은 프랜시스 크릭이라는 천재의 생각이기도 했다. 크릭은 물리학을 공부하다가 제2차 세계대전이 끝난 다음 이런 생각을 했다.

'다시 생각해보니까 나는 생명의 유전 비밀을 물리 화학적 법칙으로 밝혀야겠어!'

그러고는 케임브리지 대학에 지원서를 다시 냈다. 아직 분자생물학이 무엇인지 명확하지 않고, 그 분야가 날개를 펴기도 전이었지만 '나는 분자 생물학을 해야겠다'라고 지원서에 쓴 것이다. 물리학을 공부하긴 했지만 생물학은 전혀 모르는 사람이 지원서에 '나는 세상을 바꿀 것입니다. 물리 화학적 법칙으로 유전의 비밀을 밝혀내겠습니다. 그리고 이것을 분자생물학이라고 부르기로 했습니다'라고 쓰니 대학에서 이를 받아들여주었다. 이 또한 참 부러운 일이다.

결국 이 일이 DNA의 이중 나선 구조를 밝히고, 오늘날 분자생물학molecular biology의 시초가 되었다. 그리고 DNA 구조를 밝혀내는 역사적 사건으로 연결되었다.

크릭이 1962년에 노벨상을 받기까지 사실은 좀 스토리가 길다. 1953년에 DNA 구조를 발견했고, 노벨상을 바로 줄 수도 있었는데 안 주고 버티다가 1962년에 줬다고 한다. 항간에 떠도는 이야기로는 노벨 재단에서 프랜시스 크릭과 제임스 왓슨이 너무 오만하다며 싫어했다고 한다. 프랜시스 크릭은 20세기 최고의 천재다. 뇌과학 분야까지 열어간 최고의 영향력이 있는 사람인데, 그래서 노벨상을 안 주려고 했다지만 그의 업적을 보면 도저히 안 줄 수가 없었을 것이다.

1962년에 노벨상을 받은 다음 분자생물학 연구실은 캐번디시 연구소에서 독립한다. 맥스 퍼루츠가 엘리자베스 2세 여왕에게 '돈 걱정 안 하고 정말로 연구에 집중할 수 있는 연구소를 만들어주세요'라고 편지를 썼다고 한다. 그리고 여왕의 칙령으로 연구소를 만들게 되었다. 이것이 케임브리지 의과학 분자생물학 연구소MRC Laboratory molecular biology다. 프랜시스 크릭의 지원서에 있던 '분자생물학'이라는 단어를 그대로 쓴 것이다.

분자생물학 연구소, 나도 이곳에서 공부하면서 그분들

을 뵈었다. 내가 누구를 만났다는 것은 자랑할 게 하나도 없는 일이지만, 그분들이 어떻게 생활하고 어떻게 연구하고 어떤 면에서 본받을 점이 있는지를 같은 동네에서 배운 것, 그게 가장 큰 교육이었다고 생각한다. 그래서 그곳은 나에게 감회가 남다른 곳이다.

암 생물학의 기초를 닦다

이 분자생물학 연구소에서는 기초 과학만 연구했다. 헤모글로빈 구조, 나중에는 '파지 디스플레이 항제phage display antibody'를 새로운 방법으로 많이 만들어냈는데 그 특허로

케임브리지 분자생물학 연구소 정문에 있는 프랜시스 크릭의 **DNA** 모형

돈을 정말 많이 벌었다. 국가가 세워준 연구소이므로 그 돈은 국가로 들어간다.

그래서 영국 정부에서 연구소에 이렇게 물었다.

"우리에게 돈을 아주 많이 벌어주었는데, 무엇을 원하십니까?"

그러자 연구소에서는 이렇게 답했다.

"연구소를 하나 제대로, 넓게, 멋있게 지어주세요."

새로 지은 연구소는 몇 년 전에 문을 열었다. 이는 기초 과학을 하다가 대성공을 거둔 몇 안 되는 사례다. 새 건물 모양은 X형태의 염색체 모양이다. DNA와 염색체는 분자생물학에서 여전히 최고이자 가장 허브에 있다는 뜻이다.

직접 방문해서 봤더니 과거에는 계단 올라갈 때 왼쪽 구석에 있던 프랜시스 크릭의 DNA 모형이 정문 앞에 딱 버 젓하게, 멋있게 유리에 담겨 있었다. 드디어 과학자들이 선전의 효과를 알아낸 사례라고 하겠다.

새로 지은 연구소에 또 하나 인상적인 게 있었다. 프랜시스 크릭의 손녀인 캔드라 크릭Kandra Crick은 프린스턴 대학에서 분자생물학을 공부했다고 한다. 나중에 학자의 길을 버리고 아티스트, 미술가가 됐는데 DNA의 이중 나선 모

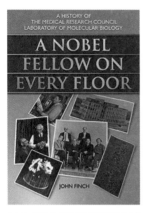
MRC 연구소에서 낸 역사서의 표지

양을 예술적으로 만들었다고 한다. 그리고 작품의 제목을 'WHAT MAD PURSUIT(광기가 좇는 것)'이라고 지었다. '광기 어린 생각으로 유전의 비밀을 밝혀냈다'는 뜻으로 지은 것이다.

이 작품이 새로운 연구소에 있었다. 아무도 생각하지 못하는 것이 튀어나올 때는 당시의 분위기와 당시의 역사, 문화적인 환경이 작동하겠지만, 결국은 정말로 엄청나게 집착하고 끝까지 풀어내려고 꿈에서조차 생각하는 과학자 정신, 일종의 광기 같은 것이 세상을 바꾼다는 생각이 들었다. 그리고 그런 사람을 천재라고 부른다.

결과적으로 그런 위대한 정신이 MRC 연구소에서 『모든 층에 노벨상 수상자가 있다 A Nobel fellow on every floor』라는 역사서를 만들어내는 일로 연결되었다. 책 속 사람들은 사실 평범한 사람들이다. 같이 만나서 얘기하면 어떤 건 내가 더 잘 알고 있고, 저들이 잘 모르기도 한다.

그런데 하나는 분명한 것 같다. 그들은 궁금한 것을 못 참고 끝까지 파고들어서 풀어내고야 만다. 그래서 노벨상을 받게 되는 것 아닐까.

또한 그런 사람들이 주변에 많아야 한다. 위대한 일은 혼자 해서는 안 되고 항상 관계에서 나온다. 그래서 노벨상이 나왔던 곳에서 계속 다음 노벨상이 나올 수 있는 것 아닐까.

이 연구소의 모든 층에 노벨상 수상자가 있다고 얘기할 수 있는 것은 단지 자랑이 아니라 사실은 진리라고 생각한다. 사람들 사이에서 이것저것 서로 배울 것이 있고 서로 열정을 교환할 수 있기에 계속해서 노벨상이 나오는 것이다. 딱 하나를 선택해서 선택적으로 열심히 훈련한다고 해서 노벨상이 나오는 건 아니라는 생각을 하게 되었다.

지금까지 암 생물학은 어떻게 탄생했는지 돌아보았다. 암 생물학은 결국 생명의 비밀을 밝히는 것과 밀접하게 연관되어 있다. 암 생물학은 분자생물학의 기반이 되지만 화학, 구조생물학, 유전학, 발생생물학, 세포생물학, 심지어 요새는 물리학, 데이터사이언스, 생물정보학, 수학, 컴퓨터생물학, 의학 등 모든 것을 포함한다. 그래서 나는 암 생물학이란 종합 과학이라고 생각한다.

앞서 살펴보았듯 DNA의 비밀을 밝히는 일이 결국 암 생물학의 기초를 닦게 되었는데, 다음 장에서는 그 얘기를 조금 더 본격적으로 시작해보겠다.

암세포가 탄생하는
최초의 사건들

어쩌다 암세포

가장 중요한 질문은 '정상 세포가 어떻게 암세포가 되는 가?'다. 암세포를 만드는 최초의 사건들에 대해 이야기해 보자.

다음 사진은 일반인에게는 전혀 익숙하지 않겠으나, 병원에서 조직 검사를 하면 볼 수 있는 것이다.[2] 조직을 떼어서 슬라이드에 묻힌 다음에 여러 가지 염색약으로 DNA를 염색해보면 어떤 세포가 있고 어떻게 조직이 구성되어 있는지를 볼 수 있다.

이것을 '병리학'이라고 부르는데, 병리학으로 핵과 세포를 염색해놓으면 암이 생겼는지 아닌지를 알 수 있다. 조직

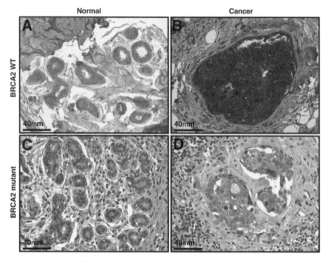

암세포의 조직 검사[3]

이 무너지고 침투되어 있다는 것은 앞서 얘기한 침입의 흔적으로, 한마디로 암이다.

오른쪽의 유방암 조직 사진을 보면 비정형의 암세포가 덩이를 이루어 커지면서 주변 조직 세포를 짓누르는 모습을 볼 수 있다. 또 흰색으로 보이는 백혈구 세포들이 유방암 조직에 침윤해 들어간 것을 관찰할 수 있다. 몸에 이상한 것이 생겼다는 사실을 인지한 면역 세포들이 침투한 것이다.

이제 더 궁금한 것은 '이런 암세포가 어떻게 탄생하는가' 하는 문제다. 이걸 누가 추적하지는 않았지만, 여러 가지 발견을 토대로 논리적으로 생각해보면, 암은 하나의 세포에서 출발한다는 것이다. 하나의 세포에서 유전자 변이가 생기고, 그것이 많은 세포 분열을 한다.

그러므로 세포 주기가 중요하다. 세포 주기가 잘 돌아서 이상한 점이 있는지 체크해준다면 암은 없어진다. 그런데 세포 주기를 돌파하고 거기서 잘 도망치게 되면, 즉 세포 주기를 회피하게 되면 계속해서 돌연변이 세포들을 생산해낸다.

그러고 나면 암세포들은 덩이지게 되고, 면역계가 들어와서 암세포들을 죽이려고 한다. 그런데 그중 일부는 면역계도 회피하는 돌연변이를 만들고, 혈관으로 침투해서 돌

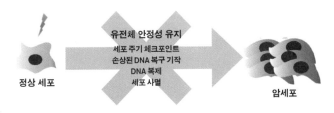

정상 세포가 암세포가 되는 과정

아다니다가 더 많이 분열하고, 다른 데로 전이되기도 한다. 이것이 바로 하나의 세포가 암이 되는 과정이다.

그래서 정상 세포가 암세포가 되는 과정을 정리하면 다음 그림과 같다.

이렇게 엄청난 사건이 어떻게 일어나는 걸까? 세포의 여러 가지 메커니즘을 봤을 때 결국은 유전체가 안정적으로 유지되는 것이 건강한 상태인데, 이게 망가지면 암세포가 되는 것이다. 하나의 정상 세포가 암세포가 되려면 돌연변이 현상을 겪어야 한다. 이걸 로렌스 러브L. Loeb이라는 사람이 이야기했다.

또한 쌍으로 이루어진 염색체는 분리되어, 각각의 세포는 부모로부터 한 쌍의 염색체 중 하나씩만 받게 된다. 이때 멘델의 법칙을 세포 수준에서 설명하는 테오도어 보베리Theodor Boveri의 염색체 설과 종합해보면, 세포 주기 체크포인트가 제대로 작동하면 암이 안 생긴다. 그리고 염색체 분리가 제대로 되면 암이 안 생긴다.

DNA가 손상되더라도 잘 수선할 수 있으면 암이 안 생긴다. DNA 복제가 제대로 되면 암이 안 생긴다. 마지막으로 다 이상하게 됐다고 하더라도 면역계가 이상한 세포를 죽여버린다면 암은 생기지 않는다.

그런데 이런 메커니즘이 하나 망가지면서 다른 메커니즘들을 망가뜨리기 시작하면 암세포가 생긴다고 믿고 있다.

손상된 DNA를 복구하는 힘

결국 유전자 얘기를 다시 한번 할 수밖에 없다. 왜냐하면 유전자가 어떻게 돌연변이가 되는지는 결국 유전자가 가르쳐주기 때문이다. 그래서 예전에 프랜시스 크릭이 895자의 『DNA의 분자 구조Molecular Structure of Nucleic Acids: A Structure for Deoxyribose Nucleic Acid』라는 전설의 논문에서 이런 이야기를 했다. 그는 그냥 하나의 엑스레이 회절 구조의 DNA를 보고 이중 나선이라고 한 다음에, '이 구조를 보면 이것이 어떻게 복제를 하는지를 알 수 있다'라고 썼다. 우리가 학창 시절 배웠던 '반보존적 복제'인 DNA가 복제되면 새롭게 복제된 딸 DNA의 한 가닥은 어머니 DNA를 놓고 복제된다는 것을 제안한 것이다.

이게 이 논문의 핵심이고 그가 천재인 이유다. 데이터는 프랭클린이 발견했지만, 과학자는 데이터만 보여주는 게 아니라 데이터를 해석하는 것이 중요하다. 그래서 여전히 이 논문은 세계 최고의 논문이라고 칭찬받고 있다.

DNA 복제에 관한 이야기만 했는데, 크릭이 진짜로 더 위대한 것은 바로 계속 고민한다는 점이다. DNA의 이중 나선 구조를 밝힌 이후에 다른 다양한 DNA의 구조가 더 많이 나왔다. 그런데 DNA의 더 많은 구조가 밝혀지는데도 DNA는 이중 나선으로 존재한다.

RNA는 한 가닥이고 DNA는 두 가닥으로 되어 있는데, 크릭이 1974년에 노벨상을 타고 난 지 한참 뒤에도 생명에 관한 얘기를 했다.

"내가 1953년에 DNA 구조에 관해서 쓸 때는 DNA가 유전자인 이유가 복제할 때 반보존적으로 복제를 하므로 그런 것으로 생각했다. 그런데 지금 봤더니 그게 아니다. 왜 이중 나선이어야 되느냐? 한 가닥이 망가졌어도 다른 한 가닥이 온전히 있는 게 유전 정보를 그대로 유지하는 데 훨씬 더 좋기 때문이다. 그래서 한 가닥보다 두 가닥인 DNA가 유전자인 것 같다."

RNA가 아니라 DNA가 유전자인 이유를 크릭은 이렇게 말했다. DNA의 복제만이 아니라 DNA가 망가졌을 때 수

선하는 DNA 수선 메커니즘을 이야기한 것이다.

이것이 크릭의 위대함이고, 진정한 과학자는 바로 이런 사람이라는 생각이 든다. 발견에 머무르지 않고 끊임없이 발전적인 생각을 해서 새로운 분야를 열어간다.

수선받아야 하는데 수선받지 않는다면 돌연변이가 생긴다. 결국은 DNA가 리페어가 제대로 작동되지 않는 것, 그게 바로 암의 원인이라는 것이다. 그래서 생명 현상의 비밀과 암 생물학의 발견은 너무 많이 연동되어 있다.

오늘날에는 크릭이 말한 중심 이론Central Dogma이 더 발전했다. 처음에는 DNA가 RNA가 되고, RNA가 단백질이 된다고 이야기했다. 지금은 '레트로바이러스'와 같은 바이러스들은 역전사가 가능해서 RNA로 DNA가 되기도 한다는 것이 밝혀지기도 했다. 즉 RNA 바이러스가 사람 세포에 들어오면 역전사 효소를 이용해서 DNA를 만들고, 이 DNA들이 증식하여 다시 RNA를 만들기도 한다.

여기서 끝나는 건 줄 알았더니 몇 년 전에는 또 하나의 발견이 있었다. 단백질을 만들지는 않지만 아주 작은micro RNA들, 코딩하지 않는non-coding RNA들이 존재하는데, 이들이 RNA를 다시 한번 조정하면서 단백질에도 영향을 준다는 것을 발견한 것이다.

그래서 중심 이론이 깨졌다고 표현하기도 하지만, 깨졌다기보다는 발전한 것이라고 생각한다. 그리고 암은 이 과정이 깨졌을 때 일어난다.

DNA 복제가 제대로 되는 것이 돌연변이를 막는 일이다. DNA는 아데닌(A), 티민(T), 구아닌(G), 사이토신(C)의 네 가지 염기로 이루어져 있다. DNA가 복제되려면 네 가지 염기가 상호 결합해야 한다. 특히 아데닌은 티민과, 구아닌은 사이토신과 쌍을 이루어 결합하는데, 이때 이를 연결하는 역할을 하는 것이 DNA 중합 효소다.

DNA 중합 효소는 하는 일이 너무 많다. 그러므로 막 일하다 보면 에러가 생기는데, 한 번의 세포 분열에서 3만 번 정도 에러가 생길 수 있다. 특히 사람의 중합 효소는 프루프리딩proofreading이라는 일종의 수정editing 기능이 있는데, 이는 얼른 돌아가서 에러가 생긴 곳을 빨리 고치고 다시 넘어오는 것이다. 이런 수정 기능이 있는 덕분에 복제하는 동안에 한 번의 세포 분열에서 300번 정도로 에러가 줄어든다.

하지만 여전히 돌연변이가 많이 생기기 때문에 암세포가 많이 탄생할 수 있다. 그런데 우리 세포 안에는 여러 가지 DNA 수선 기작이 있다. 한 예로 1부에서 자외선을 쐬거나 활성산소가 나왔을 때 여러 가지 수선 기작이 있다고 말했다. 그렇기 때문에 다양한 수선 기작으로 복제할 때 오류가 줄어들어 10억 베이스 페어 중에서 하나 정도의 오류가 나올 수 있다.

결과적으로는 하나의 돌연변이가 세포가 암이 될 때까지 20년에서 40년 정도가 걸린다. 따라서 젊은 사람에게 암이 나오면 더 빨리 진행한다는 이야기는 맞다. 세포 분열을 많이 하니까 기회가 많아지는 것이다.

우리는 DNA 손상 반응이 암을 막는 핵심이라는 사실을 알게 되었다. 왜 진핵생물에서 DNA가 염색체에 담기고 염색체가 세포의 핵 안에 담기는지도 알게 되었다. 즉 여러 가지 울타리를 쳐서 DNA를 보호하고 있는 것이다.

DNA가 만약 다 풀려 있다면 한 세포 안에 있는 DNA는 사람 세포의 경우 2미터 정도다. 2미터의 DNA가 엄청나게 고단위로 응축해서 꼬인 상태로 나노미터 단위 크기인 작은 세포의 핵 안에 들어가 있다.

DNA의 손상 반응이나 암을 막는 반응이 얼마나 중요한지는 노벨 생리의학상 역사를 봐도 알 수 있다. 앞에서 말했듯이 2001년에 세포 주기로 노벨 생리의학상이 나왔다. 암세포가 왜 탄생하는지, 세포 성장의 비밀을 열었다고 해서 팀 헌트, 릴런드 하트웰, 폴 너스가 노벨상을 받은 것이다.

그다음 해인 2002년에는 DNA가 심하게 손상되면 그 세포는 차라리 죽여야 한다는 세포 사멸, 즉 에이폽토시스Apoptosis의 과정을 밝혀낸 세 명이 노벨상을 받았다. 그중에는 크릭과 함께 유전자 코드genetic code를 만들어낸 시드니 브레너도 포함되어 있는데, 그는 유전학의 아버지라고 할 수 있다.

시드니 브레너Sydney Brenner와 더불어, 로버트 호비츠Robert H. Horvitz, 존 설스턴John E. Sulston이 세포 사멸로 노벨 생리의학상을 받았다. 그리고 2010년이 넘어서 DNA 복구 손상 반응DNA repair으로 세 사람이 또 노벨상을 받았다.

세포가 온전하게 항상성을 유지하기 위해서는 DNA가 손상되었을 때 세포 주기를 멈추어 빨리 복구해야 한다. 복구되지 않는 세포는 빨리 죽어야 한다. 이것을 밝힌 연구들이 다 노벨 생리의학상을 받게 된 것이다. 그래서 노벨상의 역사를 가만히 살펴보면 암 생물학의 역사와 매우 많이 연결되어 있다는 걸 알 수 있다.

염색의 문제가 암이 된다

결국 암은 유전체가 변하기 때문에 생기는 것이다. 암세포는 유전자가 아주 많이 변하는 유전체 불안정성, 그리고 유전체가 담겨 있는 염색체 자체가 많이 변해버리는 염색체의 불안정성으로 나눌 수 있다. 이 두 가지는 확연하게 구분되는 건 아니지만 어느 정도 서로 다른 경향성을 가진다.

앞에서 살짝 언급했지만, 우리 몸의 DNA는 염기 하나당 0.3나노미터의 길이다. 세포 하나에 담겨 있는 DNA가 '2×10^9'니까 쫙 펴면 2미터다.

그런데 우리 몸이 10조 개 또는 20조 개 정도의 세포로 구성되어 있다고 한다(아무도 다 분해해 세어보지 않았기 때문에 정확하게는 모른다). 아무튼 세포 하나당 2미터니까 10조 개를 곱하면 2×10^{13} 또는 2×10^{14}미터다. 이건 얼마나 긴 것일까? 지구에서 태양까지의 거리가 1.5×10^{11} 정도 된다. 그 말인즉슨, 우리 몸의 DNA 총 길이는 지구에서 태양까지 666번 왕복할 수 있는 거리라는 뜻이다. 우리 몸에 우주가 담겨 있는 것이다.

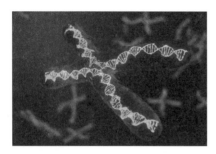

염색체의 모습

우리 몸에는 이처럼 엄청난 양의 DNA가 담겨 있다. 그것을 그냥 복제하면 박테리아처럼 에러가 너무 많이 생길 것이다. 그래서 사진에 있는 것처럼 염색체라고 하는, 고도로 응축된 X자 모양의 단백질과 함께 DNA 복합체에 담기게 된다. 이 염색체가 바로 세포 분열의 핵심이다. 염색체가 함께 담겨 있으면 세포를 정확하게 두 개로 분리할 수 있기 때문이다.

그래서 암세포를 옛날부터 세포 단위로 염색해서 쳐다보던 보베리라는 아주 훌륭한 독일의 세포학자는 "암이란 결국은 염색체의 질병이다"라고 말했다. 염색체가 이상한 경우는 다 암이었다고 말한 것이다.

그는 이 내용으로 1902년에 유명한 논문을 썼다.[4] 80페이지 정도 되는 논문이다. 그런데 그는 염색체설뿐만 아니라 또 한 가지 중요한 얘기를 했다. 결국 암호화 과정에서 일어난 비정상적 세포 분열, 무제한 분열 등이 암이며, 이러한 비정상적 분열은 방사선이나 물리적·화학적 처리나 현미경의 생물 감염으로 인해 일어난다고 말한 것이다.

앞에서 말했듯 방사선은 중요한 돌연변이의 원천이다. 화학 물질에서도, 물리적인 사물에서도 그렇다. 그러므로 그가 1902년, 한 세기도 전에 얘기한 것들이 상당히 맞는 것으로 드러났다. 그의 논문은 관찰의 중요성을 알려주는 논문이다.

다음 사진은 내가 아끼는 첫 번째 제자인 최은희 박사가 박사 과정일 때(현재는 미국 아이비리그 컬럼비아 대학의 교수다) 현미경으로 찍은 것이다. 세포 주기는 크게 간기와 분열기(M기)로 나뉘고, 간기는 다시 G1, S, G2 기로 나뉜다. 그러니까 이 사진은 하나의 세포가 G1기에 있다가 M기로 넘어가면서, 세포 분열 과정에서 염색체가 몽땅 응축되고 변화하는 것을 세포 주기마다 찍은 것이다.

결국 염색체가 어떻게 분열하는지가 핵심인데, 염색체

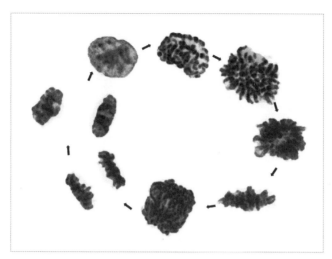

DNA와 염색체의 변화로 본 세포 분열

분열이 잘못돼도 당연히 너무 많은 유전자의 돌연변이가 생기니까 암이 된다.

앞서 이야기했듯 DNA 자체에 돌연변이가 생기는 것과 염색체 자체에 문제가 생기는 것, 두 가지가 암의 원인이 된다. 염색체의 분리 현상이 잘못되는 것도 암의 현상이라서 염색체 분리 작용이 중요하다는 것을 다시 한번 강조하고 싶다.

우리가 쓰고 있던 항암제 중에 택솔Taxol이라는 게 있다.

택솔은 주목이라는 소나뭇과에서 나왔으며 굉장히 독성이 강한데, 이것이 염색체 분리 작용을 건드린다는 걸 알게 되었다. 택솔은 세포 분열을 망가뜨린다. 즉 M기에 작용한다. 그래서 세포를 다 죽여버리는 것이다.

이처럼 강한 세포 분열 억제제가 항암제로 쓰인다. 췌장암처럼 아주 고약한 암의 경우에는 마지막에 택솔밖에 약이 없다. 이런 사례로 볼 때, 세포 분열의 메커니즘이 암세포가 발전하는 데 핵심이 된다는 걸 알 수 있다.

암을 만드는 유전자,
암을 막는 유전자

암 유발 유전자의 정체

이제 조금 더 분자생물학의 영역으로 들어가보자. 종양유전자oncogene란 무엇이고, 종양억제유전자tumor suppressor란 또 무엇인지 설명하겠다.

뻥 뚫린 고속도로에서 차가 계속 달린다고 해보자. 신호등도 없고, 계속해서 달리기만 한다. 이걸 암 유발 유전자라고 생각하면 된다. 세포가 성장하는데 천천히 가는 게 아니라 계속 내달리게 하는 것, 멈추라는 사인도 없는 것이 암 유발 유전자다. 하지만 도로를 달리다 위험 물질을 만나면 브레이크를 빨리 밟아야 한다. 그 브레이크에 해당하는 것이 암 억제 인자다.

와인버그는 암의 지도를 그렸는데, 암이 유발될 때 어떤 유전자에서 돌연변이가 생겼는지 정리해 지도를 그렸다. 매우 많은 유전자가 있는 것 같지만 그 속의 질서를 보면 어떤 분야들이 존재한다. 예를 들어 세포 주기, 세포의 신호 전달, 유전자 전사 등이 있다. 그래서 이것은 상당히 의미 있는 지도다.

이 지도를 전부 설명하지는 않겠으나 일단 종양유전자 oncogene에 대해서 설명하겠다. 이는 새로운 유전자가 탄생하는 것을 말하는 것은 아니다. 종양유전자는 우리 세포 안에서 중요한 기능을 하는, 변이가 일어나지 않은 상태의 원종양유전자proto-oncogene다. RAS 유전자 같은 경우는 성장 신호가 왔을 때 기능해야 한다. 그래서 스위치가 켜졌을 때 기능하고, 스위치가 꺼지면 일을 안 해야 한다. 그러려면 유전자의 양이 적당하게 있어야 한다.

그런데 첫 번째로 돌연변이가 생겼다. 그래서 스위치가 켜졌을 때만 기능해야 하는데, 스위치가 켜지지 않았는데도 계속해서 기능하면 문제가 될 것이고, 그러면 원종양유전자가 된다. 대표적인 예로 KRAS 유전자의 돌연변이가 있다.

두 번째로 유전자가 하나만 있어야 하는데, 증식amplification 되어 여러 개가 생겼다. 그러면 너무 양이 많아 신호에 대한 반응을 너무 많이 하게 되고, 잘 꺼지지 않게 된다. 이렇게 되어도 문제가 생긴다.

세 번째로 만성 백혈병에서 나타나는 것처럼 Abl이라는 키나아제가 다른 BCR이라는 유전자에 붙어버린다. 그래서 필라델피아 염색체라는 두 유전체가 융합된 새로운 유전체를 만든다. 그럼 신호가 안 왔는데도 B 세포가 계속 증식하게 만든다. 이렇게 염색체 간의 결합이 일어나서 전이가 일어났을 때도 원종양유전자가 되는 것이다. 즉 원래 있는 유전자가 변화되는 것이다.

앞에서 암 발생의 바이러스설을 이야기할 때 RSV, 즉 라우스육종바이러스를 언급했다. 페이턴 라우스는 암이 바이러스에서 유래했다는 것은 밝혀냈지만, 그가 노벨상을 받을 수 있었던 것은 나중에 후학들이 밝힌 내용 덕분이다. 그 내용이란 v-src라는 SRC 유전자가 스위치가 켜지지 않아도 계속해서 기능할 수 있도록 만든다는 사실이다. 그래서 이것이 원종양유전자로 작용한다. 그러면 암이 발생하게 되는 것이다.

이것이 돌연변이와 연결되어 바이러스가 왜 암을 만드는지를 설명할 수 있게 되었다. 암은 모든 원리가 맞닿아 일어나는 현상이다. 원종양유전자는 그만큼 암이 발달하는 데 중요한 역할을 한다.

종양유전자 중 가장 유명한 것은 RAS다. 최초의 세포 신호를 받는 곳에서 잘못되면 하단의 여러 가지 작용이 한꺼번에 다 바뀌게 되니, 아수라 백작처럼 변신할 수 있는 암세포가 탄생한다.

핵 안에도 종양유전자가 있다. 믹^{Myc}이라는 것이 대표적이다. 믹은 워낙 많은 일을 하므로 이게 돌연변이가 돼도 매우 많은 문제가 생긴다. 그래서 믹도 암에서 상당히 중요한 요소다.

종양억제유전자의 발견

차가 달릴 때 브레이크에 해당하는 종양억제유전자는 어떻게 보면 암을 막는 유전자다. 이 유전자가 돌연변이가 될 때 막지 못하면 암이 발달하게 되는 것이다. 이것은 종양유전자와 전혀 반대되는 개념이다.

암 유발 인자에는 어머니로부터 받은 염색체와 아버지

로부터 받은 염색체가 쌍으로 있다. 둘 중 하나에서만 돌연변이가 돼도 암이 생길 수 있지만, 암 억제 인자 같은 경우는 두 염색체가 다 망가져야 암이 된다. 하나라도 살아 있으면 어쨌든 역할을 할 수 있기 때문이다. 이것을 '2단계설 two hit hypothesis'이라고 한다. 유전학적으로는 두 개의 대립인자가 망가졌을 때 암이 되면 이것을 종양억제유전자라고 부르기도 한다.

암 억제 인자로 대표적인 것이 망막모세포종Retinoblastoma이지만 이것 말고 조금 더 재미있는 이야기를 나누고자 한다. 그건 바로 아주 유명한 암 억제 인자인 P53의 발견과 얽힌 이야기다.

1980~1990년대는 암 유발 유전자와 암 억제 유전자의 시대였다. 그래서 많은 사람이 새로운 종양유전자와 종양억제유전자를 발견하는 데 혈안이 되어 있었다. 마치 DNA 발견 시대의 경합과 같았다. 그때 아놀드 레빈Arnold Levine이라는 사람이 바이러스와 결합하고 있는 단단한 53kDa(킬로달톤)의 단백질을 발견한다. 그런데 이 단백질이 SB40이라는 바이러스와 결합해 있는 것을 보고 그는 그게 종양유전자라고 생각했다.

그와 동시에 데이비드 레인David Lane이라는 사람도 같은 것을 발견했다. 그런데 나중에 학회에 가서 봤더니 미국 암 생물학의 거두인 버트 보거스타인Bert Vogelstein이라는 사람이 이 단백질은 종양유전자가 아니라 종양억제유전자라는 여러 가지 정황을 발표했다.

이 세 사람은 10여 년 동안 노벨상 0순위였다. 다른 사건 때문에 노벨상은 받지 못했지만, 실제로 p53의 발견은 암 생물학에서 매우 중요한 사건이 되었다.

p53이 하는 일은 무엇일까? 세포 주기를 조절하는 것, 세포 사멸을 조절하는 것, DNA 손상 반응을 조절하는 것, 이 세 가지를 다 한다. 따라서 p53은 한 50%의 암에서 돌연변이가 되어 있다.

그러다 보니 항암제를 만드는 사람들은 p53을 타깃으로 삼고 싶어 한다. 돌연변이 p53을 겨냥할 수 있다면 많은 암을 고칠 수 있다는 생각을 하고, 지금도 매우 많은 시도가 이루어지고 있다.

다른 유전자는 바로 앤젤리나 졸리와 연결되어 있다. 앤젤리나 졸리가 자신의 유방을 잘라냈다. 유전체를 검사했더니 BRCA1이라는 유전자가 돌연변이가 되어 있고, 이게 고모를 비롯한 자기 집안사람들에게 있는 유전자였다. 그래서 "나는 암의 위험에서 빠져나오고 싶다"라고 말하며 유방을 제거해버렸다. 워낙 유명한 인물이 이런 일을 했기 때문에 굉장한 뉴스가 되었고 졸리가《타임》표지에 등장하기도 했다.

실제로는 그전에 영국의 한 여성이 유전자 조사를 해서 자신의 가계에 유방암이 내려온다는 것을 알고는 암을 제거하기 위해 유방을 제거했다. 그리고 이 유명한 유전자를 발견한 사람들이 특허를 내지 못하게 했다. 모든 사람의 유전자인데, 특허를 내버려서 항암제 개발이 어떤 상업적인 목적으로만 쓰인다면 많은 사람한테 혜택이 돌아가지 못할 것이라고 생각했기 때문이다. 그런 NGO 운동이 일어난 일도 있었다. 그만큼 종양억제유전자의 돌연변이가 발생하는 건 암에서 가장 중요한 사건이다.

'핫'한 유전자, BRCA2

앤젤리나 졸리의 유전자가 BRCA1이라면, 내가 박사 때부터 연구한 것은 BRCA2라는 유전자다. 이것을 연구하고 어떤 역할을 하는지를 밝혀낸 게 내 박사 논문이었고[5] 지금까지도 관련된 일을 여러 가지 하고 있다.

사실 나는 BRCA2 연구를 하겠다고 결심하고 박사를 간 게 아니다. BRCA2가 그 당시 케임브리지에서 클로닝^{cloning}, 즉 유전공학의 기초가 되는 기술이 됐다. BRCA2가 너무 핫한 유전자라는 걸 알았기 때문에 모든 사람이 달려들어서 경쟁이 심했지만, 그 누구도 BRCA2의 기능을 밝혀내지 못하고 있었다.

그런데 내가 첫 번째로 했던 프로젝트가 망하고 말았다. 결국 내 가설이 완벽하게 틀렸다는 걸 입증하는 데 한 학기를 다 썼다. 완전히 낙망해서 이러다가 빈손으로 집에 돌아가는 건 아닐지 불안해하고 있을 때, 가장 위험한 순간에 행운이 찾아왔다. 교수가 이렇게 제안한 것이다.

"BRCA2 종양억제유전자를 완전히 없애버린 실험용 생쥐를 만들었는데, 이 기능을 아무도 밝혀내지 못하고 있어. 네가 해볼래?"

나는 프로젝트가 없었으므로 그 일을 맡았고, 결국은 그 기능을 다 밝혀냈다. 한 학기가 날아간 줄 알았는데 사실은 다른 동기 친구들보다 훨씬 더 많이 조명받고 박사 학위도 빨리받고 상도 받았다. 엄청난 행운이었다.

'과연 어떤 과학에서 탁월한 업적을 낸다는 게 타고난 영특함이나 노력만으로 되는 걸까, 운으로 되는 걸까, 아니면 적절한 시기에 있었기 때문인가?'

당시 이런 생각을 했었다. 여러 가지가 복합적으로 작용하겠지만 사실은 내가 엄청난 행운의 프로젝트를 할 수 있었던 것은 내 프로젝트가 완전히 망했기 때문이다. 망했을 때 기회가 왔다. 그래서 단정 짓기는 힘들지만, 실패가 성공을 불러줄 수 있다는 걸 깨달은 사건이었다.

그때 BRCA2 연구를 하고 이것이 세포 주기에서 어떤 일을 하고 있는지를 밝혀서 논문을 썼다. 모든 사람에게 'BRCA2는 이런 것입니다'라고 얘기해주는 논문을 써서 발표한 것이다.

BRCA2를 보면서 '이게 바로 암이구나'라는 생각했었다. 그 이유는 BRCA2는 DNA 수선 장애에도 참여하고, DNA 복제 때 복제가 제대로 완성되도록 항상성을 유지하는 데도 참여하기 때문이다. 또 BRCA2는 세포가 분리될 때 염색체가 제대로 분리될수록 조절하는 데도 참여한다. 이런 유전자가 망가지면 점점 세포가 분열할수록 돌연변이가 많이 생겨서 암에 걸릴 수밖에 없는 것이다. 이 유전자에 관한 연구를 하면서 암 생물학에서 얘기한 여러 가지 도메인이 왜 그렇게 중요한지를 다시 한번 확인하게 되었다.

암의 원인: 세포에서
에너지 대사까지

환경이 암의 원인이 될까?

사람들이 제일 많이 관심을 가지는 것은 이번에 설명할 내용일 것이다. 유전으로서의 암보다 과연 환경이 암 발생에 어떻게 영향을 미치는 것일까 하는 부분이다.

최근에 나온 여러 가지 괴담이 있다. DNA 백신을 맞으면 암을 일으킨다? 이건 사실이 아니다. RNA 백신을 맞으면 암을 일으킨다? 이것도 사실이 아니다. RNA는 몸에서 단백질을 만들면 싹 사라지므로 그렇지 않다. 이런 백신들은 우리 세포의 유전체에 영향을 주지 않는다.

지금까지 계속 얘기했던 것은 우리 세포의 DNA 자체, 유전체에 영향을 줘야 암이 생긴다는 것이다. 유전체에 '영구적'으로 영향을 줘야 한다.

기본적으로 암이 생기려면 DNA에 문제가 생겨야 한다. 체르노빌 원전 사고도 환경이 암에 영향을 미친 예인데, 방사선이 DNA를 망가뜨려서 그렇다. 또는 코케인증후군 Cockayne Syndrome이라는 유전병이 있는데, 세포의 DNA를 복구하는 데 문제가 생기는 질환이다.

이런 사례에서 보듯 지속적인 자외선 노출로 세포가 DNA 손상을 복구하지 못해도 암이 생길 수 있다.

만성 바이러스도 암의 원인이 될 수 있다. 그리고 또 하나의 원인은 (이게 사람들이 제일 무서워하는 건데) 과도한 스트레스 때문에 활성산소가 너무 많이 생기는 것이다. 아니면 과식하고 너무 이상한 것만 먹어서 대사 질환이 생기는 것이다. 이런 것들도 암의 발생에 영향을 미치는 환경이라고 볼 수 있다.

그리고 부정할 수 없는 사실은 노화가 될수록 세포가 분열할 기회가 많기 때문에 암의 확률이 올라간다는 것이다. 가족력이라는 것도 분명히 있다. 종양억제유전자가 바로 그런 예다. 그 외에 그냥 원발성으로 발생하는 암도 있다.

빼놓을 수 없는 세포의 대사, 면역계와 염증

크게 보면 우리의 라이프스타일, 연령, 여러 가지 사회적 활동 등도 암 발생에 영향을 미친다. 그리고 이제까지 여러 번 언급한 여러 가지 분자 메커니즘이 암 발생에 영향을 주게 된다.

빼놓을 수 없는 것이 세포의 대사다. 그래서 비만하거나 대사질환이 있는 사람들의 암 발생률이 높은 것이 사실이다. 결국 만성 염증도 암 발생과 관계 있다는 것이 확연해진다.

그래서 위암 같은 경우는 위염이 계속 발생하는 사람에게서 나타날 확률이 훨씬 더 높다. 왜냐하면 만성 염증은 여러 가지 활성산소를 생성하고, 면역계에 여러 가지 요소 factor를 많이 만들어내기 때문이다. 그것들이 DNA를 공격하게 된다. 그러면 DNA에 변화가 생기고 암이 생기는 것이다. 또한 만성 염증은 면역계가 암세포를 회피하게 만들므로 아주 중요한 암 발생의 원인이 되기도 한다.

이런 이야기를 하면 염증이 많이 생긴 사람들이 화들짝 놀라며 암이 생길까 봐 걱정한다. 그런데 염증 자체가 암을 만들지는 않는다. 우리 몸에서 면역계가 제대로 작동하기만 한다면 염증이 다 암을 만들지는 않는다. 그러나 오래 살면 염증도 많아지고, 세포가 노화되면 면역계의 능력이 떨어지니 암의 원인이 될 것들을 다 처리하지 못하기 때문에 암이 생길 기회도 많아질 것이다.

면역력은 암 발생에 영향을 미친다

요즘 많이 등장하는 유산균 이야기를 해보자. 우리 몸은 우리 세포로만 구성된 게 아니다. 실제로 우리 몸에는 매우 많은 여러 가지 종류의 박테리아가 산다.

그중에서도 특히 장에는 엄청나게 많은 박테리아가 사는데 좋은 박테리아와 나쁜 박테리아가 다 있다. 이를 총칭해 '마이크로바이옴'이라고 하며 '장내 총균'이라고도 한다. 이것들은 면역력에 영향을 주고 대사에도 영향을 미친다. 쥐 실험을 해봤더니 마이크로바이옴이 암 발생에 미치는 영향이 매우 컸다는 보고가 있다. 전체적으로 봤을 때는 이 또한 환경의 영향이라고 볼 수 있다.

따라서 유명한 말처럼 '우리가 먹는 것이 우리를 규정'하는 것인지도 모른다. 사실 이런 말은 개인적으로 별로 좋아하지 않지만, 정말 그럴지도 모른다고 생각하게 되는 이유는 바로 마이크로바이옴 때문이다. 마이크로바이옴은 면역력에 영향을 많이 미치고, 면역력은 암 발생을 좌우한다.

정신적 스트레스와 에너지 대사

'정신적 스트레스가 어떻게 암의 발생을 촉진하는가'에 대해서는 인류가 아직 모르는 게 더 많다고 보는 것이 정확하다. 지금까지 알려진 사실은 정신적 스트레스가 호르몬 등 내분비계, 면역계, 염증 반응에 영향을 주기 때문에 암 발생에 영향이 있다는 것이다. 내분비계, 선천적 면역계가 촉진하는 염증 반응, 한 번 일어난 면역 반응을 T 임파구 세포가 오래 기억했다가 다시 작동하는 후천적 면역 반응은 사실 모두 연결되어 있다.

그런데 암이 일어나려면 DNA가 계속 돌연변이가 되어야 하는데, 내분비계, 염증 반응, 후천적 면역 반응은 DNA 대사와 어떤 관련이 있을까?

최근의 주요한 성과는 염증 사이토카인의 과대 발현이 DNA 복제기에 돌연변이를 일으킬 수 있다는 것이고, 역으로 DNA 손상이 많아지면 염증 반응이 일어난다는 것이다. 흥미롭게도 이 과정에는 텔로미어의 손상 또한 포함된다.

성장하는 세포는 텔로미어 복제가 필요하다. 그런데 텔로미어 복제에 이상이 생기면 복제 원점에서 멈춘 텔로미어에서는 일어나지 않아야 할 RNA 전사로 TERRA^{telomere repeat RNA}가 생긴다. 그리고 TERRA에 결합한 ZBP1이 미토콘드리아에서 선천적 면역계를 활성화해 염증 반응을 촉진할 수 있다. 그런데 나이가 들수록 텔로미어는 짧아진다. 이로써 나이가 들수록 염증이 많아지면서 암 발생이 늘어나는 이유를 설명하기 시작한 것으로 보인다.

선천적 면역 반응은 즉각 일어나지만 특이성이 떨어진다. T 세포가 작동하는 후천적 면역계는 어떨까? 아직 깊은 연구가 이루어지지 않았으나 나이들수록 T 세포의 텔로미어는 짧아지고 면역성이 떨어진다는 결과가 다수 존재한다.

앞으로 갈 길이 멀지만, 부정할 수 없는 사실은 노화가 될수록 세포가 분열할 기회가 많기 때문에 암의 확률이 올라간다는 것이다. 따라서 나이가 많아도 염증과 면역계 관리를 잘할 수 있다면 암 발병률을 줄일 수 있을 것이다.

영양 상태, 섭식, 운동, 독성 물질에 대한 노출 등도 암 발생에 영향을 미친다. 이는 결국 에너지 대사의 문제다. 비만, 당뇨 등 대사성 질환을 앓는 사람들의 암 발병률은 그렇지 않은 사람들에 비해 월등히 높다. 과학계는 에너지 대사 회로, 인슐린 대사 신호 전달 체계가 모두 세포의 성장과 연관되며, 이에 따라 DNA 대사에도 직접적 영향을 미친다는 연구 결과를 축적했다.

환경은 암에 어떤 영향을 미칠까?

사람들이 제일 큰 관심을 가지는 것은 유전보다는 '환경이 암 발생에 어떻게 영향을 미치는가'다. 이에 관해 얘기하려면 후성유전학Epigenetics이라는 것에 대해 알아야 한다. 환경이 우리 유전자의 발현과 조절에 영향을 미칠 수 있기 때문이다. 또한 이렇게 중심 이론에서 나온 여러 가지 RNA 같은 것들도 영향을 미칠 수 있다.

DNA 자체가 변하지는 않는다. 그런데 DNA가 염색체가 될 때 DNA를 감싸고 있는 여러 가지 히스톤histone, 즉 염색질의 단백질들이 있다. 이들은 활성산소나 다른 어떤 영향에 의해 변화된다. 이런 것들이 유전자가 발현되는 것을 변화시킬 수 있다. 이처럼 DNA 염기서열의 변화 없이 유전자 기능이 변화하고 유전되는 현상을 연구하는 학문을 후성유전학이라고 한다.

이런 것들은 유전자 발현에 영향을 미치므로 유전자 자체가 돌연변이가 되지 않아도 돌연변이가 된 것처럼 역할을 할 수 있다. 따라서 환경이 영향을 미칠 때는 이런 후성유전학적 변화를 많이 거치게 된다는 것을 알아두자. 그러나 이게 다는 아니다. 활성산소와 같이 대사가 너무 이상하게 많이 축적되면 그게 직접적으로 DNA에 돌연변이를 만든다. 그러므로 DNA 돌연변이 역시 후성유전학적으로 역할을 한다.

그러나 옛날보다 환경이 나빠졌기 때문에 암의 발생률이 올라갔다는 말은 사실이 아니다. 인간이 오래 살게 되면서 세포 분열의 기회가 많이 늘었고, 여러 환경에 노출될 일도 많아졌다. 따라서 DNA가 돌연변이가 되고, 그것 때문에 암에 걸릴 확률은 올라가게 되어 있다.

어떻게 보면 우리의 수명을 결정하는 것이 암일지도 모른다. 다시 한번 로버트 와인버그의 말을 빌리자면 "우리는 모두 살면서 언젠가는 암에 걸리게 되어 있다." 이 말은 틀리지 않은 이야기다. 그러나 암을 다스릴 수 있다면, 암을 너무 두려워할 필요는 없다.

과학적으로 극복할 방법이 많이 있다. 이제부터 그런 얘기들을 좀 더 해보고자 한다.

국가나 지역별로 특정 암 발병률이 다
른 원인은 무엇인가?

훌륭한 질문이다. 그러나 나는 암 역학을 연구하
는 사람이 아니라 정상 세포가 어떻게 암세포가 되
는지 연구하는 기초 과학자이므로 교과서에서 가
르치는 원론적 수준에서 답하겠다.

조금 논리적으로 보태자면 이것은 사실 환경의
영향이다. 먹는 것과 더불어 여러 가지 유전적인
요인이 결합하는 것이다.

사실 우리나라 사람들도 단일 민족은 아니고

인종이 혼합되어 있지만, 어느 정도는 유전적 영향을 받는다. 예를 들어 아슈케나지Ashkenazi라는 유대인들은 동일 집단이라고 할 수 있는데, 이들에게서 유방암이 많이 나타난다.

우리는 그런 동일 집단과는 좀 다르다. 그래서 유전적 영향에 환경적 영향이 더해졌다고 말하는 것이다.

그런 의미에서 우리나라에서 나오는 암 데이터들은 상당히 중요하다. 유전자의 발병률을 보면 한국인에게 많은 폐암의 특징인 EGFR 돌연변이가 서양에는 별로 없다.

이런 것처럼 유전적 환경의 영향이 있다. 그것이 확 다르지는 않지만, 지역마다 조금 특이한 현상이다. 대장암 발병률은 우리나라뿐만 아니라 서양에서도 아주 높다. 잘 먹게 되면서 일어난 일이 아닌가 싶다.

'대사'라는 단어를 어떻게 이해하는 것이 좋을까?

대사는 통칭이다. 예를 들어 단백질은 효소다. 밥을 먹어서 우리 몸에 포도당이 들어오면 그것이 다 쪼개져서 아주 작은 단위가 되어야 한다. 즉 피루브산Pyruvic acid이나 피루베이트pyruvate로 바꾸어야 한다. 이 과정을 다 대사라고 말한다.

또 다른 예로 우리 몸에 지방이 많이 들어왔다고 해보자. 이때 ATP라는 에너지를 쓰면서 지방을 쪼개고 새로운 걸 합성하기도 하는데, 이런 과정이 모두 다 대사다.

정상적인 대사라는 것은 적절한 수준, 즉 중용을 유지하는 것이다. 육식을 너무 많이 하거나 포도당을 너무 많이 먹거나 굉장히 뚱뚱하면 인슐린 같은 것들도 다르게 작용한다. 전체적으로 우리 에너지원들이 균형 잡히지 않은 상태로 쓰이게 된다. 이런 것을 통칭해서 대사라고 불렀지만, 그 안에는 매우 많은 경로, 분자 경로가 포함된다.

암을 정복할 방법을 알게 되면 암을 치
료하듯이 노화를 치료할 방법도 알 수
있을까?

암은 유전체 불안정성의 질병, 즉 계속된 유전자
와 염색체상 돌연변이가 원인이자 암을 진화시키
는 원동력이다. 암의 특징은 면역계를 회피해 진
화한 암세포가 살아남아 전이하면서 생명을 위협
하는 것이다.

돌연변이율이 증가한 암세포는 염증 반응을 일
으키며 진행하고, 과도한 염증 반응은 다시 돌연
변이를 가속화시킨다. 즉 유전체 불안정성은 항
암 면역과도 면밀하게 연동되어 있는데, 이 두 가
지는 모두 노화 현상을 설명하는 열쇠이기도 하
다.

늙어가면서 DNA 돌연변이가 쌓이고, 면역 기
능이 저하되는 것도 사실이다. 두 가지 메커니즘
사이의 역학 관계를 분자 수준에서 이해하는 것이
과학계가 앞으로 풀어나가야 할 숙제다.

암의 특징이 미세 환경을 계속 변화시키고 이용하면서 새로운 환경에 적응한 세포들이 살아남아 진행되는 끝없는 진화이다 보니, 암을 정복한다는 표현은 과학적으로 맞지 않다. 다만 암에 대해 더 잘 이해하고 암이 어떻게 면역계를 회피하는지 밝혀지면서 암을 치료할 수 있는 단계로 이어졌듯이, 우리가 암에 대해 더 많이 알수록 완화하고 다스릴 수 있는 질병이 되어 가고 있다.

그런데 현재 면역 관문 억제제가 작용할 수 있는 암종과 대상이 제한적이다. 다른 방식의 면역 항암제의 치료도 아직 임상 단계에서 개발 중인 것을 보면, 면역계에 또 다른 관문이 존재하거나 이 또한 암의 진화와 함께 계속 변화하는 것일 수 있다. 그래서 우리가 암을 완화하고 다스리며 오래 살 수는 있으나 결국 암은 우리를 죽음에 이르게 하는 가장 주요한 질병이라고 말할 수 있다.

노화도 정복할 수 있을까? 노화 또한 DNA 손상과 대사성 이상, 면역력 저하가 동반되는 질병이다. 다스릴 수는 있으나 감히 정복되었다고 선언할 수 있는 순간이 올까? 감기는 정복이 되었을까? 그렇지 않다. 감기도 다스려야 된다. 코로나 바이러스도 다스려야 하는 것이다. 정복하기보다 다스리는 것이 과학적 진화론에 근거한 암과 노화를 극복하는 방법이 아닐까.

전립선암 환자에게는 동물성 지방 음식을 적게 먹으라고 하는 식으로 암의 종류별로 주의해야 하는 음식에 차이가 있는 것 같다. 왜 그럴까?

분자생물학적으로 이 문제에 대해 더 깊게 들어가면 재미없는 여러 가지 분자 용어가 나온다. 간단하게 말하면, 전립선암에서는 상당히 많은 부분에서 동물성 지방이 매우 나쁜 영향을 미친다는 연관 관계가 있다. 이건 역학을 연구하는 학자들이나 전체적으로 통계를 보는 사람들의 영역이긴 하다.

암종별로 음식을 다 다르게 주의해야 하는지는

모르겠지만, 매우 많은 데이터가 쌓인 결과, 동물성 지방 음식 같은 것들이 전립선암 환자에게 좋지 않다고 본다.

또 다른 이유는 쓰는 약 때문이다. 어떤 암을 치료하는 약과 절대 같이 쓰면 안 되는 화합물이 특정 음식에 들어가 있는 경우도 있을 것이다. 그럴 때는 특정 음식에 주의하라고 할 것이다.

요컨대 모든 암에 다 주의할 음식이 있는 건 아니라고 알고 있지만, 관련이 있는 경우에 주의하라고 얘기할 것이다.

3부____

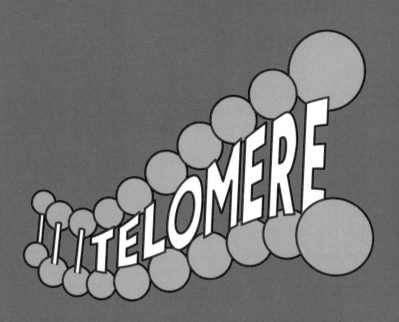

생체 시계를
되
돌
리
는

텔로미어로
살아남기

인간의 수명이 늘어나며 암에 걸릴 확률이 더욱 높아졌다. 노화와 암은 떼려야 뗄 수 없는 관계이기 때문이다. 하지만 유전체를 보호하는 염색체 말단의 텔로미어와 텔로미어의 생체 시계를 돌아가게 하는 텔로머레이스의 발견은 새로운 희망을 안겨줬다.

늙는다는 것의
진짜 의미

노화의 비밀을 찾아서

이제부터는 노화와 암의 지표로 활용될 수 있는 염색체 말단, 텔로미어telomere에 관한 이야기를 해보겠다.

몇 년 전에 굉장히 감동적으로 봤던 드라마가 있다. 〈디어 마이 프렌즈〉(2016, tvN)다. 드라마 포스터에는 주인공들의 젊었을 때 모습과 늙었을 때의 모습이 같이 나타나 있다. 우정을 같이 나누면서 늙고 병들고 알츠하이머에 걸리기도 하는 평범한 사람들의 이야기를 풀어낸 드라마였다. 10대에 이 드라마를 봤으면 재미없었을지도 모르겠는데, 쉰 살이 넘어서 보니 부모님 생각도 나고 드라마 속 인물들 모습이 내 미래 모습이라는 생각이 들었다. '내가 과학적으로만이 아니라 정말로 사람이 늙는 것에 대해서 굉장히 심각하게 생각하게 됐구나'라는 것을 느끼며 보았다.

그렇다. 우리는 모두 늙는다. 늙는다는 건 과연 무엇인가? 늙는 것이 죽는 것보다 더 무서울지도 모르겠다. 기억력이 감퇴하고, 인지 능력이 저하된다. 사람 이름이 잘 생각 안 나고, 피로하고, 주름도 많이 생기고, 면역력이 떨어지기 때문에 병에 잘 걸린다. 키도 작아지고 암 발생률도 증가한다.

이 모든 것을 '노화'라는 하나의 단어로 설명할 수 있다. 이렇게 별로 상관이 없을 것 같은 현상들을 동시에 일으키는 노화를 과학적으로는 어떻게 설명할까?

'늙는 것이 무엇인가?'를 과학적으로 연구한 최초의 데이터를 살펴보자. 1961년 미국 위스타 연구소Wistar institute 레너드 헤이플릭Leonard hayflick의 실험이다. 사람의 진피를 이루는 피부 세포를 꺼내서 배양에 필요한 영양분들이 다 포함된 배지에 넣고 키웠다. 그랬더니 세포가 50~70번 정도 분열하고 난 다음에는 더 자라지 않고 그냥 쫙 뻗은, 늙는 것 같은 단계에 들어갔다. 잘못 실험했을 수도 있으니까 두 번 세 번 계속 반복했는데 매번 같은 현상이 일어났다. 계속 세포 분열을 하다가 멈추는 현상이 세포 내에 프로그램되어 있다는 사실을 발견한 것이다. 다시 말해, 세포 분열의 숫자가 프로그램되어 있었다.

이런 세포 분열 횟수의 한계를 헤이플릭은 '헤이플릭의 한계hayflick limit'라고 이름 붙였다. 이것이 오늘날 '세포 노화senescence'라고 불리는 현상이다. 즉 죽는 것이 아니라 대사를 더 하지 않고 에너지도 아주 조금만 만들어내면서 세포 분열을 안 하는 현상이 노화의 가장 기본적인 세포 현상이라고 볼 수 있다.

이런 현상은 텔로미어와 관련이 깊다. 텔로미어의 텔로telo는 '끝', 미어mere는 '실'이라는 뜻으로 텔로미어는 '염색체의 말단'을 뜻한다. 그럼 염색체란 무엇인가? DNA가 담겨 있는 곳이다.

우리 몸을 구성하는 세포의 직경은 수십 마이크로미터에서 수백 마이크로미터 정도다. 그런 세포 안에 2~3미터에 달하는 길이의 DNA가 존재하려면 아주 응축되어야 한다. DNA의 응축은 히스톤 등의 단백질들의 도움을 받아 이루어진다. 잘 응축된 DNA는 X자 모양을 띠는데, X자 모양의 구조를 '염색체'라고 부른다.

이렇게 염색체의 형태로 DNA를 응축하는 것은 DNA의 부피를 줄이기 위해 필요하다. 그뿐 아니라 세포 분열 때 원래 세포의 DNA가 두 개의 딸세포로 정확하게 이등분되어 들어갈 수 있도록 한다.

진핵생물, 즉 사람 같은 다기관 생물은 원형이 아니라 선형의 DNA를 가진다. 그러다 보니까 복제 방법 때문에 맨 끝이 계속해서 닳아서 짧아질 수밖에 없다. 그래서 염색체의 말단은 일반적인 DNA 복제 방법이 아닌 텔로머레이스telomerase가 관여하는 특수한 방법의 복제로 유지되어야 한다. 텔로머레이스란 염색체의 말단에서 염색체를 보호하는 효소다. 그런데 텔로머레이스는 줄기세포를 포함한 일부 세포에서만 발현되기 때문에 일반적인 세포들에서는 염색체의 말단이 짧아질 수밖에 없다.

헤이플릭의 한계는 이 말단 복제의 문제로 생긴다고 여겨졌다. 즉 우리의 세포는 분열하는 횟수가 정해져 있다는 것이다. 이것은 인간의 수명이 정해져 있다는 것과 맥락이 같다. 그래서 '염색체 말단에 도대체 어떤 비밀이 있기에 세포가 죽는 게 아니라 그냥 늙고 더 분열하지 않는 상태로 들어가는 것일까'를 탐구하기 시작했다. 텔로미어의 성질과 구조가 세포 노화를 설명할 수 있지 않을까 하는 생각이었다.

노화의 열쇠를 쥔 텔로미어

2009년 노벨 생리의학상은 텔로미어의 가장 기본적인 비밀을 밝힌 세 사람에게 주어졌다. 엘리자베스 블랙번Elizabeth H. Blackburn, 블랙번의 제자였던 캐럴 그라이더Carol W. Greider, 그리고 엘리자베스 블랙번과 공동 연구를 한 잭 쇼스택Jack W. Szostak이 그 인물들이다.

이들은 왜 노벨상을 받았을까? 그리고 생체 시계라고 불리는 텔로미어에 관한 연구가 왜 아직도 주목받고 여전히 많은 과학자의 호기심을 자극하는 것일까? 이에 관해 이야기하고자 한다.

먼저, 앞서 이야기했던 염색체의 말단이 짧아지는 현상에 대해 더 자세히 알아보자. DNA가 복제되는 상황을 글쓰는 과정이라고 상상해보자. 이미 글이 쓰인 부분과 새로 쓰일 부분이 있을 것인데, 이미 쓰인 부분이 존재하는 방향을 5'방향이라고 부르고, 새로 써질 부분을 3'방향이라고 부른다.

이 방향성은 복제가 끝나고도 유지된다. 세포 내에서 DNA는 서로 반대 방향으로 쓰인 두 가닥이 결합한 형태로 존재한다. 이 두 가닥은 서로 다른 과정을 통해 복제된다. 이는 DNA가 항상 5'에서 3'방향으로만 써질 수 있으며, 두 가닥의 DNA가 같은 하나의 효소에 의해서 복제된다는 데에 기인한다.

한 가닥의 DNA(선도 가닥)는 5'에서 3'방향으로 막힘없이 복제될 수 있지만, 반대의 방향성을 가진 짝을 이루는 가닥(지연 가닥)은 천천히, 단편적으로 복제된다. 복제 효소가 선도 가닥을 복제하는 동안, 일단 지연 가닥은 복제가 되지 않고 있다가 일정 길이만큼 선도 가닥이 복제되면 그때 그 길이만큼 반대 방향으로 단편이 복제된다. 이 단편들은 다른 효소에 의해 이어 붙여진다.

DNA가 5'에서 3'으로만 복제될 수 있다는 사실은 복제 효소가 이미 존재하는 DNA의 3'부분에만 새 DNA를 합성할 수 있다는 것을 의미한다. 그래서 복제가 시작되는 부분에는 DNA와 유사한 RNA 분자가 붙어 3' 부분을 제공해, 복제 효소가 그 뒤에 새 DNA를 합성하는 것을 가능하게 한다.

이 RNA 분자를 '프라이머'라고 부른다. 이 프라이머들

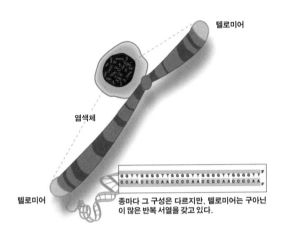

텔로미어

염색체

텔로미어

GGTTGGGGTTGGGGTTGGGGTTGGGGTT
CCAACCCCAACCCCAACCCCAACCCCAA

종마다 그 구성은 다르지만, 텔로미어는 구아닌
이 많은 반복 서열을 갖고 있다.

텔로미어의 모습

은 복제가 시작되면 필요가 없어지기 때문에 분해되는데, 문제는 염색체 말단에 붙었던 프라이머들이다. 이 프라이머들이 사라진 부분을 복제 효소가 DNA로 대체할 수 없다. 말단에는 복제 효소가 DNA를 복제할 수 있는 3'이 제공될 수 없기 때문이다. 이게 바로 DNA 복제 방식 때문에 생기는 말단 복제 문제다.

텔로미어에는 중요한 유전자가 있는 것이 아니라, TTAGGG 같은 의미없는 서열이 반복된다. 따라서 텔로미어는 염색체 말단이 복제를 통해 짧아지더라도 중요한 유전자들에 손상이 되지 않게 막아주는 역할을 한다.

종합하자면, 염색체 말단의 텔로미어는 유전자 전체를 보호하는 역할을 하며 DNA 복제 기전의 원리 때문에 생체 시계가 돌아갈수록 짧아진다는 것이다.

만약 텔로미어가 염색체 말단을 보호할 수 없을 정도로 짧아지게 되면 어떤 일이 일어날까? 세포는 염색체 말단을 손상이 일어난 부분으로 인식하게 된다. 손상당했다고 하면 DNA를 빨리 수선해서 복구해야 하므로 세포 주기 체크 포인트가 작동을 해서 생체 시계를 멈춘다. 다음 페이스로 넘어가지 못하도록 하는 것이다.

이것 때문에 복제 말단에 문제가 생기면 'DNA가 고장 났구나'라고 해서 세포는 더 분열하지 않고 세포 노화에 들어간다. 헤이플릭의 한계가 말단 복제의 문제, 그리고 DNA 손상 반응과 연결되어 있다는 것을 알 수 있다.

텔로미어가 어떻게 생겼는지를 밝힌 사람들의 공로를 짚고 넘어가지 않을 수 없다. 텔로미어의 성질을 처음으로 규명한 사람은 호주 출신 과학자 엘리자베스 블랙번이다. 그는 단백질의 서열을 밝히는 방법과 DNA의 서열을 밝히는 방법을 발견해서 각각 두 번의 노벨상을 받았던 프레더릭 생어^{Frederick Sanger} 밑에서 공부했다.

블랙번은 모든 생명 종의 DNA 염기 서열을 밝히는 일을 했는데, 진핵 생물이지만 균류에 가까운 '테트라히메나'라는 생명의 DNA 염기 서열을 밝히는 염기서열 분석(시퀀싱)을 하던 중에 특정 염기 서열이 반복되는 것을 발견했다. DNA 말단에서 TTGGGG의 서열이 반복되는 것이 발견된 것이다.

이렇게 반복되는 서열이 어쩌면 텔로미어의 비밀을 품고 있을 것이라고 그는 생각했다. 그리고 이것이 신발 끈의 말단을 보호하는 플라스틱 캡처럼 작용할 것이라는 가설을 세웠다. 그리고 그는 이런 텔로미어의 성질에 대한 가설, 즉 "텔로미어가 DNA 안의 유전 정보를 보호하는 역할을 할 것이다"라는 내용을 학회에서 발표했다.

그러자 학회에서 이를 듣고 있던 하버드의 잭 쇼스택이 블랙번에게 협력 연구를 제안했다.

"내가 효모 안에 인공 염색체인 미니크로모좀^{minichromosome}을 넣을 수 있는 시스템을 가지고 있다. 이 인공 염색체에 당신이 제시한 텔로미어를 잘라서 넣어보자. 그래서 만약에 인공 염색체가 닳지 않고 보호되면 당신 생각이 맞을 것이다. 그러면 가설을 증명할 수 있지 않겠느냐?"

그래서 블랙번과 쇼스택이 협력했다. 쇼스택이 자신의 시스템에 텔로미어를 집어넣어서 인공의 작은 염색체가 어떻게 되나 봤더니, 텔로미어가 있는 것들은 보호가 되었고 텔로미어가 없는 것들은 다 없어졌다. 그렇게 엘리자베스 블랙번의 가설이 증명되었다.

쇼스택은 텔로미어가 염색체를 보호하는 현상이 마치 신발 끈의 끝에 있는 플라스틱 캡이 신발 끈을 보호하는 것과 비슷하다고 해서, 염색체 말단의 텔로미어에 '캡cap'이라는 이름을 붙였다. 그가 3분의 1의 공로로 블랙번과 노벨상을 공동 소유하게 된 이유다. 그는 아주 깔끔하고 어떻게 보면 단순한 실험으로 가설을 입증했다.

그런데 줄기세포나 생식세포 같은 어떤 세포들은 계속 산다. 이 세포는 왜 텔로미어가 짧아지지 않고 계속해서 세포 노화가 일어나지 않을까? 이 이유를 밝힌 것은 블랙번의 제자인 캐럴 그라이더다.

그는 텔로미어가 안 짧아지는 세포에서 텔로머레이스라는 효소를 분리해낸다. 텔로머레이스 효소는 단백질과 RNA 가닥의 복합체인데, 이것은 진시황의 불로초나 다름 없다. 텔로머레이스는 스스로 가진 RNA를 역전사(RNA를 템플릿으로 하여 DNA를 합성하는 기작)하여 짧아진 텔로미어를 복구한다. 결과적으로 텔로미어를 짧아지지 않게 할 수 있는 효소를 찾아낸 것이다.

캐럴 그라이더는 텔로머레이스가 존재하며 텔로미어가 짧아지지 않는 세포에서는 세포 노화가 일어나지 않는다는 걸 밝혔다. 다시 말하지만, 이러한 세포는 우리 몸에 존재한다. 줄기세포들이 그렇고, 기억 세포와 면역 세포들이 그러하며, 당연히 수정란 같은 생식 세포들이 그렇다. 그래서 텔로머레이스야말로 텔로미어의 생체 시계를 계속해서 돌아가게 하는 태엽과 같은 존재라고 하겠다.

텔로미어를 간략하게 다시 정리하자. 텔로미어는 염색체의 말단 혹은 DNA 말단이다. 말단의 특정한 구조, 'TTT GGG' 혹은 'TTAGGG'의 서열이 계속 반복되면서 결국은 우리 유전체 정보를 모두 보호하는 맨 끝의 방패가 된다.

왜 이 텔로미어가 짧아지면 노화가 되는지도 아주 간단하게 설명했다. 이것은 헤이플릭의 한계와 관계 있는데, DNA 손상 반응이 일어나서 세포 주기 체크포인트가 작동하여 세포가 분열하지 못하게 하기 때문이다.

텔로미어가 길수록 오래 살까?

이렇게 얘기하면 "텔로미어 길이가 길면 길수록 오래 사는 것입니까?"라고 질문할 수 있다. 그래서 생명 종들을 쫙 비교해봤다.[1] 그런데 의외로 평균 수명이 85세인 사람은, 텔로미어의 길이가 3~5kb(킬로바이트)밖에 되지 않는다. 그런데 실험실의 생쥐는 텔로미어의 길이가 100~150kb나 되는데 2년밖에 못 산다.

개미가 얼마나 오래 사는지 모르겠지만 사람보다는 분명히 조금 산다. 그런데 개미의 텔로미어는 사람보다 훨씬 더 긴 9~13kb 정도의 길이다. 결국 길이가 절대적으로 수명을 결정하지는 않는다는 이야기다. 그럼 무엇이 문제일까?

쇼스택은 텔로미어의 길이만이 세포 분열의 한계를 결정하는 요소가 아니라면, 'TTAGGG'의 반복 서열이 만들어내는 '구조'도 중요할 것이라고 생각했다. 그 구조에 텔로미어와 노화 사이의 상관관계를 설명할 수 있는 비밀이 숨어 있다.

이것을 풀어낸 사람이 여러 명 있지만 가장 선도적인 사람은 미국 뉴욕 록펠러 대학의 네덜란드 출신 티티아 들 랑

Titia de Lange이다. 들 랑이 본 것은 텔로미어의 맨 끝은 그냥 쫙 열려 있는 게 아니라는 점이다. 텔로미어가 염색체를 보호할 때는 텔로미어 고리를 형성하는 t고리t-loop를 형성한다. 이때 여러 단백질이 도와줘서 고리를 구성한다.

3kb가 되었든, 150kb가 되었든 결국 이 고리 구조를 만들 수 있느냐가 텔로미어가 보호될 수 있느냐, 아니냐를 결정한다. 절대적 길이보다는 각종 염색체에서 텔로미어 고리 구조를 만드는 분자 메커니즘이 텔로미어와 노화와 직결된다고 볼 수 있다.

염색체 말단이 짧아지면 DNA가 손상된 것으로 인식되고, 세포 주기 체크포인트가 활성화된다고 말했다. 그 이유는 짧아진 텔로미어는 t고리를 형성하지 못하고 열린 채로 존재하기 때문이다. 그러니까 매듭짓는 것처럼 꼬아놓는 것이다. 풀리지 않은 매듭 구조는 DNA 손상으로 인식되지 않는다. 그래서 t고리는 실제로는 DNA 손상 반응을 피하기 위한 생물학적 구조다.

그렇다면 다른 질문이 떠오른다.

"구조가 중요하다면, 고리 구조를 이루게 도와주는 단백질들(셸터린 단백질)이 없으면 어떻게 될까? 이 경우에는 텔로미어가 짧아지지 않아도 세포의 노화가 일어날까?"

이런 질문을 가진 사람들이 실험을 해봤더니 정말 그러했다. 건강한 상태의 텔로미어에서 TRF2라는 단백질을 없애는 것을 통해 t고리를 이루지 못하게 할 수 있다. t고리를 못 만들게 되면 길이는 그대로인데도 DNA 손상 반응이 일어났다. 즉 텔로미어가 DNA 손상 부위로 인식되는 것은 t-고리의 형성 여부에 달렸다는 것을 알게 되었다.

종합하자면, 길이가 절대적으로 중요한 게 아니라 텔로미어의 구조가 중요하다. 이 구조를 유지하도록 하는 것이 어쩌면 우리의 생체 시계를 늦추는 방법일 수도 있겠다.

결국 노화도 DNA 대사 문제

여기까지 살펴보면, 결국 노화도 이 책에서 반복해서 이야기하는 DNA 손상 반응 내지는 DNA 대사와 관련되어 있다는 사실을 알 수 있다. 그럼 다른 사람들보다 노화가 빨리 일어나는 조로증을 가진 사람들의 세포에서는 어떤 일이 일어나는 걸까? 조로증은 원인으로 여러 유전자가 있다. 그중에 대표적인 것이 베르너증후군werner syndrome이다.

베르너증후군은 돌연변이 열성 유전자의 발현을 통해

베르너증후군 여성의 14세 때 사진(좌)과 48세(우) 때의 모습

생기는 유전병으로, 병력이 있는 가계에서 주로 나타난다. 이 유전병을 가진 사람들은 암도 많이 걸린다. 조로증에도 걸리는데, 암에도 잘 걸리는 것이다. 베르너증후군은 아주 낮은 빈도로 발생하지만 이처럼 힘든 병이다.

위 사진은 한 일본 여성의 예다. 왼쪽 사진은 이 여성이 14세 정도일 때, 즉 청소년기의 사진이다. 그리고 같은 사람이 48세가 됐을 때가 오른쪽의 사진인데, 80세를 훌쩍 넘은 것처럼 보인다. 아주 정확하게 조로증에 걸린 사람이다.

유전자의 서열을 분석하여 어떤 유전자의 돌연변이가 이런 현상을 일으키는지 알 수 있었다. 그 유전자를 발견한 사람이 '베르너'여서, 그 이름을 따서 '베르너 유전자'라고 이름 붙였다. 나중에 밝혀진 일이지만, 베르너 유전자는 'DNA의 칼' 역할을 한다. DNA 칼이란, DNA가 대사 활동을 하면서 계속 꼬이다가 마치 고무줄이 막 꼬여서 더 풀릴 수 없는 것처럼 문제가 생겼을 때, 그것을 딱 잘라주고 풀어주는 역할을 하는 단백질이다. 그러면 꼬인 DNA에 멈춘 DNA 복제 효소 등 DNA를 타고 움직이는 단백질들이 다시 지나갈 수 있게 되는 것이다.

DNA와 관련된 대사가 정상적으로 일어나려면 끊임없이 꼬임을 풀어줘야 한다. 이렇게 꼬임을 풀어주는 역할을 하는 효소들을 'DNA 헬리케이스'라고 부른다. 베르너 유전자도 이런 효소의 일종이다. 즉 DNA 대사가 안 되면 노화가 된다는 아주 정확한 증거가 되겠다.

이것 외에도 다른 조로증의 원인 유전자들을 보면 100% DNA 대사와 관계가 있다. 즉 DNA의 문제를 해결하는 것, DNA가 손상당했을 때 잘 해결하는 것, 이것이 젊게 사는 방법이며 DNA 손상이 누적되고 축적되면 노화가 된다는 것이다.

세포는 세포 주기 체크포인트를 활성화한 다음에 고치

려고 하는데, 늙으면 단백질 기구도 잘 안 돌아가서 고치지도 못한다. 그렇지만 세포도 분열하지 않는다.

종합해보면, 단백질도 제 기능을 서서히 잃어 DNA 손상을 잘 고치지 못하게 되고, 반복된 세포 분열으로 인해 텔로미어의 구조가 손상되면, DNA 손상의 축적이 세포를 늙게 한다고 할 수 있다. 조로증을 가진 사람들의 세포에서는 이런 일이 더 빨리 일어나고, 정상적인 사람들의 모든 신체 기관에서도 서서히 이런 일이 일어난다.

이런 여러 가지 유전적 증거가 사람에게서도 나왔고, 실험쥐 모델에서도 증명됐다. 그렇다면 다른 생명 종에서는 어떨까?

알래스카의 이누이트들은 200년 정도 사는 북극고래가 있다고 믿었다. 즉 자신들이 사냥하는 북극고래의 수명이 200년이라고 믿었다. 인간의 수명은 그 반도 안되지만, 대를 이어 북극고래의 수명을 추정했던 것이다.

그래서 어떤 비교 유전체 학자가 북극고래와 다른 고래들과의 유전체를 전체적으로 비교하는 비교유전체학을 실시했다. 그 결과, 북극고래와 그것과 근연종인 고래들에서 차이가 나는 유전자들로 ERCC1, PCNA 등이 확인되었다.

이 유전자들은 DNA의 손상을 복구하거나 DNA 복제에 중요한 유전자들이다. 따라서 사람과 쥐뿐 아니라 다른 종에서도 DNA 대사가 수명을 결정하는 핵심이라는 것을 알 수 있다.

노화를
치료할 수 있을까

텔로머레이스로 노화를 극복할 수 있을까?

텔로미어 길이가 전체적으로 노화, 건강도와 연결된다는 이야기를 했다. 그렇다면 진시황의 불로초라고 할 수 있는 텔로머레이스를 이용해 늙음을 극복할 수 있을까? 일부는 그렇다.

텔로머레이스는 보통 분화가 끝난 세포들, 피부 세포와 같은 세포들에서는 발현이 적고 활성화가 안 되어 있다. 줄기세포, 기억 면역 세포 등에서만 발현이 잘된다. 그렇다면 텔로머레이스를 발현하지 않는, 피부 세포에 넣으면 주름이 없어지지 않을까?

이런 생각으로 실험을 했다. 그래서 생쥐(실험용 마우스)

에 텔로머레이스를 억지로 과하게 발현시켰다. 그랬더니 2년 살던 생쥐가 3년을 살았다.

텔로머레이스를 발현시키면 노화를 극복한다는 뜻이다. 더 오래 산다는 것이다. 그런데 사실 텔로머레이스를 억지로 발현시킨 매우 많은 쥐에게 암이 생겼다.

그래서 노화를 극복하면서 암의 발생 정도를 줄이기 위해 텔로머레이스를 과하게 발현하는 게 아니라 살짝만 올라가게 하는 방법을 썼는데, 그때는 조금 효과가 있었다. 그렇지만 텔로머레이스를 어느 정도 올려야 하는지는 측정하기 힘들다.

이번에는 다른 실험을 했다. 긴 텔로미어를 가지고 있는 생쥐들끼리 계속 교배하도록 만든 것이다. 그래서 아예 텔로미어가 긴 자손을 만들어냈다. 그랬더니 놀라운 일이 있었다. 대사율이 좋아질 뿐만 아니라, 심지어 모든 노화의 지표가 좋아졌다. 대사율 떨어지고, 면역력 나빠졌다. 이런 것들이 훨씬 더 지연되면서 훨씬 오래 살았다는 것이다.

이는 텔로머레이스와 텔로미어의 길이가 수명과 직결되어 있다는 것을 아주 직접적으로 보여준 상당히 깔끔한 논문들이다.[2,3,4,5]

이 실험은 쥐를 대상으로는 할 수 있지만, 사람을 대상으로는 할 수 없다. 사람은 비교유전체학을 통해 간접적으로 노화와 관련된 유전적 형질을 살펴볼 수 있다. 아시케나지 유대인 중 100세 노인들의 가계를 보니 텔로미어 길이가 훨씬 더 길었다. 그리고 그의 자손들도 텔로미어가 상대적으로 길었다.

흔히 장수 유전자가 있다는 이야기를 하는데 그 말이 크게 틀리지 않다. 장수도 어느 정도 유전이 될 수 있다. 그리고 텔로머레이스의 발현이 사람마다 차이가 있다는 결과도 있다. 텔로미어의 유지와 텔로머레이스의 발현이 수명과 상당히 연관이 있다는 데이터도 사람을 대상으로 한 집단 유전체학을 통해 쌓이고 있다.

텔로머레이스의 부작용, 암세포의 탄생

텔로미어가 길게 유지되는 경우에 오래 산다고 했는데, 앞에서 살짝 언급한 내용으로 돌아가자. 일부 생쥐에서는 텔로머레이스를 발현했더니 암에 걸렸다고 했다. 그럼 텔로미어가 짧아지지 않는다면 어떤 일이 생길까?

MIT의 화이트헤드 인스티튜트Whitehead Institute에 있는 암

생물학의 거두, 로버트 와인버그는 현재 암을 연구하는 과학자들 중에 최고라고 말할 수 있다. 앞서 말했듯 와인버그는 "우리는 모두 살면서 언젠가는 암에 걸리게 되어 있다"라고 했다. 노화와 암은 직결되어 있다는 뜻이다. 암은 어찌 보면 노화의 질병이기도 하다. 왜 그런지 살펴보자.

보통의 세포는 분열하면서 텔로미어 길이가 계속 짧아지게 되어 있다. 오른쪽 그래프에서도 확인할 수 있듯, 어느 정도 짧아지면 헤이플릭의 한계를 겪게 된다. 즉 더 분열하지 않는다.

그런데 일부 세포는 그걸 극복하고 계속 짧아진다. 또 분열하는 것이다. 그러다가 두 번째 시계를 만난다. 즉 위기가 와서 이제는 팡 죽어버리는 것이다. 그런데 그중에서 한두 개의 세포는 계속 산다. 이 세포들이 암이 된다는 것을 와인버그는 발견했다.[6]

이에 비해 생식 세포나 배아 줄기세포 등은 길이가 계속 유지된다. 텔로머레이스가 있기 때문이다.

다음 그래프에서 텔로머레이스의 역기능인 발암에 대해 알 수 있다. 앞서 말한 위기를 벗어나고 계속 분열하는 암세포들의 85~90%에서는 텔로머레이스가 발현되고 있다.

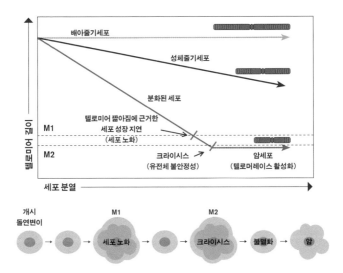

분화된 세포는 텔로미어가 점점 짧아지다가 특정 길이까지 짧아지게되면 분열을 멈추게 된다(senescence). 그런데 암세포의 경우에는 텔로머레이스의 발현 및 활성화를 통해 텔로미어의 길이를 유지하면서 분열을 계속한다는 것을 의미하는 그림이다.

보통 세포와 텔로머레이스가 있는 세포의 비교

이 세포들이 유래한 정상 세포들에서는 없었는데, 위기를 극복하면서, 혹은 극복하기 위해 획득한 형질이다. 다시 말해 보통의 세포가 줄기세포와 생식세포에서 발현되는 텔로머레이스를 얻게 되면 텔로미어가 유지되면서 영원히 살 수 있게 된다는 것이다. 영원히 살 수 있는 세포, 이 범주에는 암세포가 포함된다.

와인버그의 실험실에서 있었고 현재는 하버드 대학의 데이나 파버 인스티튜트에 있는 '빌 황Bill Hwang'이라는 사람이 포스닥(박사후연구원) 때 한 실험을 소개하겠다.

일단 텔로머레이스를 정상 세포에 발현했다. 그랬더니 세포가 오래 살았다. 게다가 아주 중요한, 앞에서 우리가 이야기했던 p53이라는 암 억제 유전자를 없애버렸다. 그 다음에 Ras라는 유전자를 발현시켰다. 그랬더니 완벽하게 정상 세포가 암세포가 됐다.

그런데 이 순서를 바꾸면 안 된다. 이 실험은 최초의 텔로머레이스가 있어서 텔로미어 길이를 유지하는 것이, (즉 오래 살게 만드는 것이) 암이 되는 가장 선결 조건이었다는 것을 밝힌 실험이다.

따라서 와인버그가 "오래 살면 언젠가는 암을 만나게 되어 있다"라는 얘기를 한 것이다. 와인버그가 이 실험을 깔끔하게 정리해서《네이처》에 논문을 낸 일이 있었다.[7] 그리고 이런 현상은 다른 많은 실험실에서도 재현되면서 와인버그의 가설이 옳다는 걸 입증했다.

따라서 텔로머레이스의 과도한 발현은 암세포의 탄생으로 이어진다고 할 수 있다. 텔로머레이스를 일부러 과도

하게 발현시키지 않는 경우의 발암 과정을 보면, 반복된 세포 분열로 인한 t고리의 손상 등으로 분열을 멈춘 세포 중 일부가 텔로머레이스를 활성화하면서 암세포가 된다. 이런 텔로머레이스의 활성화는 10^7~10^9개 세포 중의 하나에서 일어나는 돌연변이를 통해 발생한다.

그런데 100%의 암세포가 텔로머레이스를 발현하는 것은 아니다. 90%라고 살짝 밑밥을 깔았는데, 그럼 나머지 10%는 어떨까? 이것은 우리 연구실에서도 실험하고 다른 사람들도 모두 다 증명한 내용인데, 나머지 10%는 텔로머레이스 없이 텔로미어 길이를 유지하는 대안적 방법을 선택한다. 이 대안적 방법은 텔로미어의 길이를 유지하기 위해 DNA 손상 복구에 쓰이는 기작을 이용한다. 그 방법을 통해(이를 ALT라고 부른다) 텔로미어 길이를 유지하게 되면 이게 암이 되는 것이다.

결과적으로, 텔로미어의 길이가 유지되어야 세포가 계속 성장할 수 있고, 그것이 암세포의 가장 중요한 특징이다. 90% 정도는 텔로머레이스가 활성화하고 10% 정도는 텔로머레이스가 없이도 새로운 수선 방법을 이용해 텔로미어끼리 재조합해서 길이를 유지해버리는 것이다.

정리하면, 텔로머레이스는 어쨌든 좋은 것이지만 너무 많이 있을 때, 혹은 존재하지 말아야 할 곳에 있을 때는 암세포를 탄생시킨다는 이야기다.

나는 사실 BRCA2 전문가로 알려져 있다. 앞서 설명했듯 BRCA2는 암 발생을 억제하는 인자라는 뜻인 종양억제유전자로 불린다. 안젤리나 졸리가 자신의 높은 유방암 발병의 확률을 줄이기 위해 유방 절제를 택했다는 얘기를 앞에서 했다. 이때 유방암 발병 확률을 높게 판단한 것은 다른 종양억제유전자인 BRCA1에 돌연변이가 있었기 때문이었다.

내가 연구하는 것은 BRCA2로 BRCA1과는 전혀 다른 것이다. 이것은 가족력이 있는 유방암, 췌장암, 심지어는 남성 유방암에서도 발견된다. 이렇게 암이 발생한 가계 내에서 공통적으로 특정 유전자의 기능을 억제하는 돌연변이가 발견되면, 그 특정 유전자를 종양억제유전자로 규정할 수 있다. 물론 가계에 돌연변이가 유전되지는 않으나, 나중에 암이 발생하는 곳에서도 BRCA2 돌연변이는 발견된다. 그만큼 BRCA2는 아주 중요한 종양억제유전자다.

우리 연구실의 이재은 연구원이 BRCA2를 한번 없애는 실험을 했다. 그랬더니 세포가 몇 번 분열하다가 훨씬 더 빨리 세포 노화에 들어갔다. 10^7개, 10^9개의 세포 중 하나가 아니라 훨씬 더 높은 빈도로, 노화 상태에 머무르지 않고 다시 분열을 시작한 세포들도 관찰되었다.

그 세포들의 반 정도는 텔로머레이스가 활성화되어 있었고, 나머지는 아니었다. 하지만 다시 분열을 시작한 세포들에서 모두 텔로미어의 길이가 유지되었다. 반 정도의 세포에서는 텔로머레이스가 관여하는 것이 아닌, 대체적인 텔로미어 유지 기작이 일어난다는 뜻이다.

여기에 어떤 메커니즘이 작동하는지 봤더니 텔로머레이스 없이 DNA 손상을 복구하는 데에 쓰이는 기작, 그중 BIR이라는 기작을 통해 텔로미어의 길이를 유지한다는 것을 알게 되었다. 이를 통해 암세포를 유지하는 데 필요한 텔로머레이스를 대체할 수 있는 요소들을 규명할 수 있었다.

그 자세한 내용을 여기에 다 담을 수는 없지만, BRCA2 종양억제유전자는 텔로미어 유지에 중요한 기능을 가지고 있다. BRCA2는 혼자 기능하는 것이 아니라 위에서 이야기한 BIR에 포함된 단백질들과 텔로미어에 위치한 단백질들과 함께 텔로미어를 유지한다.

텔로미어에 관해 우리가 어느 정도 알아냈다고 생각했지만, 연구하면 할수록 암 생물학에서 텔로미어가 더욱더 중요해지고 있다. 암과 텔로미어의 관계는 다면적이다. 텔로머레이스에 의한 텔로미어의 유지는 노화를 막으면서 동시에 암을 일으키기도 한다. 반대로 나이가 들면서 텔로미어가 닳아도, 노화된 세포가 많아지면서 돌연변이를 통해 암이 발생할 확률이 높아지기도 한다.

영생 대신 건강 수명 늘리기

이런 얘기를 하다 보면 '결국 자연에 순응하면서 수명을 받아들여야 하지 않을까? 영생의 길은 없는 게 아닌가?' 하는 생각이 든다. 어쩌면 우리 모두 500년처럼 긴 시간을 살고 싶은 건 아닐 것이다.

구글의 공동 창업자인 래리 페이지Larry Page는 노화 및 관련 질병 연구를 위해 2013년에 칼리코Calico를 설립했다. 아마존의 창립자인 제프 베조스도 노화 방지 및 수명 연장 기술에 투자하고 있다. 그런데 이들이 노화 연구에 투자하는 것은 영생을 누리고 싶어서는 아니라 하고 싶은 일이 너무 많아서일 것이다. 정말로 하고 싶은 일이 많은 사람은 건강하게 오래 살고 싶어 한다.

나는 영생은 가능하지 않다고 생각한다. 우리는 영생할 수 없도록 프로그램되어 있다고 본다. 이는 찰스 다윈이 한 얘기와도 일맥상통한다. 다윈은 종의 진화에 대해 연구했지만, 그의 연구 결과는 한 개체와 한 개체를 이루는 세포 단위에도 적용할 수 있다. 침팬지와 사람이 분화되는 것 같은 대단위의 진화에 대해서는 내가 잘 모르지만, 세포와 DNA에 일어나는 변화는 작은 단위의 진화에도 다윈의 진화론이 적용된다.

찰스 다윈의 이론은 결국, 환경에 가장 적합한 돌연변이를 한 개체가 살아남는다는 것이다. 그렇게 해야지 종을 유지할 수 있기 때문이다. 종 유지의 비밀, 이게 이제 소위 자연 선택설이라는 것이다.

이것을 생명 종의 유지의 관점에서 생각해보자. 만약에 나이가 들었는데도 계속 오래 살면 DNA의 복제 방법, 활성산소 등 때문에 일어나는 DNA 손상을 피할 수가 없다. DNA 손상이 많이 됐는데도 오래 산다면 생식 세포에도 영향을 줄 것이다. 그러면 자손에게는 돌연변이가 훨씬 더 많이 축적된다. 이것은 유전자 입장에서 결코 좋지 않은 것이다.

그러니까 수명이라는 게 정해져 있어서 가장 생식 활동이 건강할 때, 즉 DNA의 돌연변이가 그렇게 많지 않고 실제로는 약간의 다양성만 줄 수 있는 정도일 때 생식하는 것이 우리의 생명 종, 인간종에게는 훨씬 더 유리한 것이다. 개인의 입장에서는 병을 맞이하고 죽어야 하니까 슬플지 모르지만, 집단 유전의 관점에서 보면 그러하다.

따라서 생체 시계와 수명, 그리고 생체 시계의 속도와 멈추는 시각을 결정하는 텔로미어의 비밀 등이 우리 종의 유지에 굉장히 중요한 역할을 한다고 생각한다. 사실 죽음보다 더 무서운 건 너무 심하게 아픈 걸지도 모른다. 그러므로 우리가 지금 목표로 해야 하는 것은 '건강 수명'을 늘리는 방법을 찾는 것이 아닐까? 그게 더 인간적이고 건강한 사회를 만들 수 있지 않을까? 죽음은 받아들이되, 건강한 상태를 오래 유지하는 것이 우리의 목표가 되어야 하지 않을까 싶다.

텔로미어로
연장하는 건강 수명

우리는 아직 텔로미어를 모른다

마지막으로 우리 연구실에서 최근에 결과를 얻은 아주 흥미로운 주제를 소개하고자 한다.(논문은 곧 나올 예정이다.)

엘리자베스 블랙번이 텔로미어의 'TTTGGG' 혹은 'TTGGGG' 반복을 테트라히메나에서 발견했다. 효모에서부터 사람까지 모두 다 똑같은 염기서열의 반복으로 되어 있다. 그런데 이상한 점이 있다. 루프 하나만 만들면 되는데, 굳이 이런 서열이 반복될 필요가 있을까?

모든 진핵 세포에서 반복되고 이게 18억 년이라는 시간 동안 보존됐다. 단백질 서열 정보를 담지 않은, 기능을 하지 않는 서열이라면 진화 과정에서 보존되지 않고 종마다 차이를 보이는 것이 일반적이다. 그렇다면 이러한 반복 서열이 우리 생명 종에게 유리한 면이 있는 것 아닐까? 이런 궁금증을 안고 실험을 해봤다.

컴퓨터는 0과 1로 정보를 저장하는 것처럼 DNA는 아데닌(A) 티민(T) 구아닌(G) 시토신(C)라는 네 개의 염기로 정보를 저장한다. 일반적으로 DNA는 두 가닥의 DNA 가닥이 서로 반대 방향으로 결합한다.

그런데 중요한 정보를 담은 염기끼리 수소 결합을 통해 내부 쪽에 위치한다. 그 염기들은 각자 결합하는 쌍을 가지고 있는데, A는 T와 두 개의 수소 결합을, G는 C와 세 개의 수소 결합을 통해서 서로 결합한다. 이런 결합을 '왓슨 크릭 결합'이라고 부른다.

수소 결합에는 이런 결합만 있는 게 아니다. 구아닌은 화학 구조상 사실 왓슨 크릭 결합이 아니라 구아닌끼리 수소 결합을 할 수 있는데, 이러한 새로운 결합을 '훅스틴 바인딩Hoogsteen Base Pairing'이라고 부른다. 공교롭게 왓슨 크릭의 논문 이후에 10년 있다가 훅 스틴의 바인딩이 실제로 존재한다는 것을 알게 됐다.

네 개의 구아닌이 서로 수소 결합을 하면 하나의 판을

만들 수 있는데, DNA가 이제는 두 가닥이 아니라 네 가닥의 구조를 만들게 된다. 이러한 판이 세 개 이상 위아래로 탑처럼 쌓여 안정된 구조로 연결된 것을 '구아닌사중구조G-quadruplex'라고 한다.

이제 우리는 텔로미어가 DNA 구아닌사중구조를 형성할 수 있다고 생각하게 됐다. 즉 텔로미어는 구아닌사중구조 DNA를 만들 수 있다. 그런데 이게 생체에 진짜 존재한다는 게 또 증명됐다.

그렇다면 구아닌사중구조 DNA는 어떤 역할을 할까? 텔로미어의 생체 시계 역할, 그리고 텔로미어 복제에서의 어떤 역할을 하게 되지 않을까? 그리고 이것이 18억 년 동안 보호되어왔다면, 진화적으로 이것은 나쁜 것이 아니라 실제로는 어떤 조절자 역할을 하지 않을까? 우리는 이런 생각을 하게 됐고 관련된 실험을 해보았다.

그렇게 해서 알아낸 사실이 있다. 구아닌사중구조 DNA가 존재하면, DNA의 구조를 안정화해서 다른 단백질들이 오는 것을 막거나 DNA 복제를 방해하기도 한다. 이는 특히 세포 주기 중 DNA가 복제되는 S기에서 문제가 된다. 복제 과정에서 이중 가닥의 DNA가 풀리며 단일 가닥의

'TTAGGG' 반복서열이 노출될 경우, 구아닌사중구조를 형성하여 DNA 복제에 관여하는 효소들를 막아 복제를 저해하기도 한다.

따라서 사중구조 DNA는 DNA를 짧아지게 하고 텔로미어를 짧아지게 하지만, 한편으로는 세포가 암으로 변하는 것도 막는다.

텔로미어가 계속해서 유지되면 그 세포는 계속해서 분열할 수 있으므로 암이 될 가능성도 크다. 그래서 구아닌사중구조 DNA는 어쩌면 텔로미어 복제에서 가디언 역할을 하는 게 아닐까 하는 가설을 한번 세워봤고, 이와 관련된 연구들을 하고 있다.

이제 텔로미어에 관해 많이 알았다고 생각했지만 새로운 구아닌사중구조 DNA를 발견했다. 텔로미어는 계속해서 우리의 호기심을 자극하는 생체 시계, 노화의 지표, 암을 막는 지표라고 할 수 있다.

나의 텔로미어는 건강할까?

텔로미어가 짧아지는 것이 DNA 손상 반응이 일어나는 것이고, 그게 세포 노화로 직결된다. 그러면 세포는 노화가 돼서 더 분열하지 않는 헤이플릭의 한계가 온다. 그런데 이게 아까 얘기한 기억력 감퇴, 염증 등과 연관된다는 증거가 속속 나오고 있다.

텔로미어가 짧아진 세포에서는 염증 반응이 나타나고, 면역 세포가 노화한다. 신진 대사량도 감소하고 뇌 신경 뉴런 간의 시냅스가 약화한다. 따라서 기억력 감퇴도 일어나는 것이다.

그리고 DNA 손상 반응으로 에러가 너무 많이 발생해서 고치기도 전에 DNA가 손상된 것들이 누적되니 돌연변이가 많아진다. 그래서 암이 발생한다.

앞에서 말했던 노화의 여러 가지 현상들이 텔로미어가 짧아진 현상과 일맥상통한다. 이런 결과들을 종합해서 보면 텔로미어를 생체 시계라고 부르는 것이 그리 무리는 아닐 것이다.

그러면 텔로미어가 건강한지 아닌지 어떻게 알 수 있을까? 이것은 많은 사람이 물어보는 질문이기도 한데, 우리 연구실에는 이와 관련된 데이터를 축적하고 있다.

텔로미어의 건강도를 측정하는 방법에는 두 가지가 있다. 하나는 상대적 길이를 재는 것이다. 내 텔로미어가 시간이 가면서 얼마나 짧아지고 있는지 살펴보는 것이다. 텔로미어 서열과 같은 서열의 합성 DNA를 넣어 얼마나 붙는지 확인하는 실험을 통해 텔로미어의 길이를 잴 수 있다. 코로나19 때문에 이제는 익숙해진 PCR이라는 기법을 통해서도 텔로미어의 길이를 추정할 수 있다. 혹은 '스텔라'라는 기법을 통해서도 텔로미어의 길이를 재볼 수 있고 상대적 길이를 비교할 수 있다.

다시 강조하지만, 어느 한순간의 텔로미어의 길이를 재는 것은 중요하지 않다. 개미의 텔로미어가 인간보다 2kb나 더 긴 것을 통해 알 수 있는 것처럼, 길이 그 자체만으로는 의미가 없다. 시간이 갈수록 상대적으로 DNA의 텔로미어 길이가 얼마나 짧아지고 있는지 혹은 짧아지는 것이 지연되고 있는지 등이 텔로미어의 건강도와 직결된다.

그렇다면 다른 방법으로는 아까 얘기했듯이 t고리가 제대로 만들어지고 있는지를 보는 방법이 있을 것이다. 앞에서 t고리가 안 만들어지면 DNA 손상 반응이 일어난다고 했다. t고리가 제대로 형성되지 않아 DNA 손상 반응이 일어났는지 확인하는 방법이 있다. 면역 염색법이라는 실험 기법을 활용하면 세포 내의 단백질들이 어디에 위치하는지 표시할 수 있다.

DNA 손상 부위에 존재하는 것으로 잘 알려진 γH2AX 단백질의 위치와 텔로미어의 위치를 동시에 표시하면, 세포 내의 모든 텔로미어에 얼마나 DNA 손상 반응이 일어났는지 알 수 있다. 이를 통해 텔로미어에 t고리가 잘 형성되어 있는지, 아니면 t고리가 열려서 DNA 손상 반응이 일어나고 있는지 알 수 있다.

만약에 이런 검사를 아주 빨리 저비용으로 할 수 있다면 실제로 텔로미어 건강도를 측정할 수 있을 것이라고 생각한다. 최근에 많은 병원에서 텔로미어 길이를 재주는 아주 비싼 건강 체크를 한다. 이때 유전자 서열을 확인하는 작업을 통해 텔로미어의 절대적인 길이를 측정한다.

물론 그것도 텔로미어의 상태를 확인하는 하나의 방법이 될 수 있겠지만, 앞서 이야기했듯이 단순한 텔로미어의 길이보다는 시간이 지나면서 텔로미어가 얼마나 줄어드느냐가 더 중요하다. 그리고 텔로미어가 고리 구조를 이루고 있느냐가 중요하다. 따라서 주기적이고 복합적인 검사가 필요하다.

암 진단에 텔로미어를 활용한다면

이제 텔로미어를 어떻게 암 진단에 활용할 수 있을지 살펴보자. 일반적으로 세포는 줄기세포에서 특정 기능을 담당하는 세포로 분화한다. 세포가 분화하고 발달하는 과정에서 세포는 점점 텔로머레이스의 활성을 잃게 된다. 따라서 분화된 세포의 경우 분열할수록 텔로미어의 길이가 줄어들고 결국 분열을 멈추게 된다.

하지만 암세포의 경우 분열을 멈추는 장치가 고장나 끝없이 분열한다. 그렇기 때문에 암세포는 텔로미어의 길이를 유지하는 매커니즘을 가지고 있다. 따라서 시간 간격을 두고 텔로미어의 길이를 측정하면서, 텔로미어 길이 변화의 추세를 살피고 이런 추세의 변화를 통해 암과 노화와 관련된 지표를 얻을 수 있다.

그러면 이제 텔로미어 진단을 할 수 있을 것이다. 텔로미어가 시간이 가면서 얼마나 어느 속도로 짧아지는지, 매해 아니면 3년마다 검사한다.

또한 텔로미어의 손상은 암과도 관련이 있기 때문에 텔로미어의 손상을 확인하면 의학적으로 암 조직을 확인하기 이전에 초기에 암 발병에 대한 신호를 얻을 수 있다.

텔로미어가 손상되었는지 측정하는, 접근성이 좋은 저비용의 방법이 개발된다면 개인 맞춤형 의학의 시대에 좀 더 다가갈 수 있지 않을까 생각한다.

손상된 텔로미어를 회복시키거나 손상
을 지연시키는 방법이 있는가?

한번 손상이 된 텔로미어를 다시 건강하게 만드는
건 간단하지는 않다. 텔로머레이스를 집어넣는다
고 하더라도 말단에서만 회복되기 때문이다.

그렇지만 텔로미어의 손상 정도를 지연시키는
방법은 있다. 활성산소를 줄이거나 운동, 소식 등
으로 생체 세포의 손상을 좀 줄이는 것이다. 그게
텔로미어 손상을 줄이는 것과 직결되어 있다는 사
실이 연구 결과로 나와 있다.

태어남과 동시에 자연 수명을 미리 알 수 있는가?

현재 나의 과학적인 판단으로는 수명은 태어남과 동시에 예견할 수 없다. 왜냐하면 수명은 환경에 굉장히 많은 영향을 받기 때문이다. 우리가 대장균처럼 똑같은 것만 먹고 사는 게 아니므로, 환경뿐 아니라 여러 가지 생활 태도 등과 텔로미어가 밀접하게 연결되어 있다. 따라서 태어났을 때 수명을 예상하더라도 그게 거의 맞지 않을 거라고 생각한다.

물론 장수하는 가계에서 태어난 사람은 좀 오래 살 수도 있겠지만, 할아버지가 110세까지 살았다고 해서 손주도 반드시 110세까지 살리라는 법은 없다. 오히려 손주가 더 오래 살 수도 있고 그전에 죽을 수도 있다.

몸속에 있는 독소를 제거할 경우 텔로
미어에 영향을 줄까?

몸속 독소를 어떻게 다 제거할 수 있을지는 잘 모
르겠지만 세포의 독소를 제거했을 경우, 텔로미
어가 짧아지는 속도가 지연될 수는 있겠다. 물론
이건 텔로미어가 너무 많이 손상되지 않았을 때의
얘기다.

데이비드 시트라스킨 같은 사람들이 NMN 등
의 약을 만드는데 이는 결국 활성산소 제거하는
약이다. 그런 약을 계속해서 꾸준히 먹으면 텔로
미어 길이에 영향을 준다는 얘기를 하는데, 아직
충분한 의학적 데이터가 축적된 건 아니지만 가능
성이 없지 않다. 오히려 문제는 '몸속의 독소를 어
떻게 다 제거하느냐'다. 결국 운동을 하거나 생활
습관을 좋게 바꾸는 등의 노력이 필요할 것이다.
어찌 됐건 독소와 텔로미어는 관련이 있다는 정도
로 이야기할 수 있겠다.

텔로미어 기능이 나빠졌다가 좋아질
수도 있을까?

텔로미어는 DNA로 이루어져 있다. 따라서 혼자
서 기능이 나빠졌다가 좋아질 수는 없다. 그런데
텔로미어를 둘러싼 환경, 즉 텔로미어에 결합하
는 단백질들, 셀터린, 텔로미어의 복제를 도와주
는 여러 가지 DNA 복제 기구 등이 나빠졌다면 그
세포는 없어진다. 그런데 우리 몸과 기관은 10조
개의 세포로 되어 있으므로 나빠진 세포는 빨리 죽
고, 새로 재생돼서 나오는 세포가 좋은 역할을 한
다는 것이 더 맞는 말일 것이다.

　하나의 세포 안에서만 해결하는 것은 '가능하
지 않다'고 답하겠다. 그러나 우리 몸의 전체 항상
성에서는 나빠진 세포는 빨리 제거해 없애고, 새
로운 세포가 텔로미어와 텔로미어 복합체 기능을
아주 좋게 유지한다면 몸이 건강해진다고 말할 수
있다.

4부____

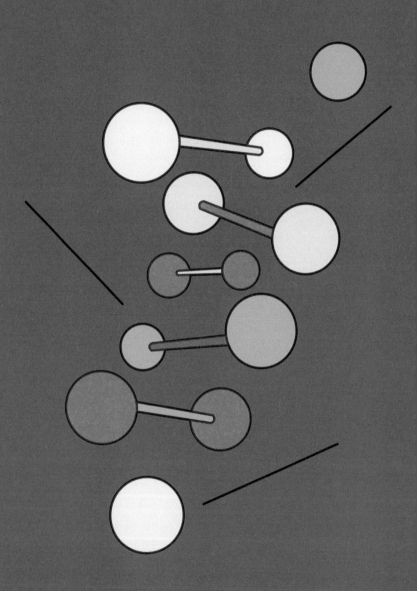

암을

다스리는

유전자의

재발견

화학 항암 치료에서 표적 항암 치료로 그리고 면역 항암 치료까지 암을 치료하는 방법이 눈부시게 발전하고 있다. 각 개인에게 맞춘 정밀 의학 시대로 가고 있는 것이다. 그러려면 지금보다 더 많은 유전자 정보가 필요하다. 이러한 맥락에서 빅데이터와 인공지능은 의학을 놀랍게 발전시킬 것이다.

유전체 빅데이터로 만든
정밀 의학의 신세계

부작용 없는 항암 치료를 위해

이제 개인 맞춤형 치료에 대해서 이야기해보자. 이것은 결국 유전체 빅데이터와 소위 '정밀 의학'이라고 부르는 것의 탄생에 관한 이야기가 되겠다.

앞에서 언급했듯이 제1차 세계대전에서 화학무기로 쓰였던 머스터드 가스가 항암제의 시초가 되었다. 머스터드 가스는 사람은 물론 생명체는 모조리 다 죽일 정도로 독한 DNA 독성 물질이지만, 이것을 아주 약하게 쓰면 계속해서 분열하는 세포에만 들어가서 문제를 만들기 때문이다. 즉 아주 약한 머스터드 가스는 암세포 같은 것은 죽이는 한편, 세포 주기 체크포인트가 활성화되어 있고, 건강한 세포들은 힘들지언정 이 약물을 견뎌낸다.

그렇게 항암 치료가 시작되었지만, 이 화학 요법은 부작용이 많고 머리카락도 빠지게 된다. 건강한 세포가 항암제를 견디기가 아주 힘들기 때문에 매우 힘들고 고통스러운 과정을 거치게 된다.

그런데 만약 이런 부작용이 없는 치료가 있다면 어떨까? 이것을 지금부터는 '표적 항암 치료'라고 부르겠다. 표적 항암 치료는 어떻게 암세포가 탄생하는지에 대한 분자 메커니즘을 알고, 그 메커니즘만을 표적으로 삼는 치료다. 그러면 다른 세포에는 영향이 없으므로 조금 더 편하고 고통 없이 치료받을 수 있을 것이다.

만약 환자들에게 항암 치료받을 것인지, 표적 항암 치료를 받을 것인지 묻는다면 아마 대부분이 다 표적 항암 치료를 받겠다고 말할 것이다. 그럼 표적 항암 치료에 대해서 더 설명해보겠다.

분자 생물학이 발전하고 병이 생기는 원인을 알게 되면서 우리는 제1차 세계대전 때 쓰였던 독성 물질로 치료하는 항암 치료 시대에서 메커니즘을 타깃으로 삼는 표적 항암제 시대로 가고 있다. 그러나 아직 그 시대에 완전히 도착하지는 않았다. 대부분의 항암제와 항암 치료는 아직도 수술과 화학 요법에 기반하고 있다. 그러나 몇몇 암종에 관해서는 표적 항암제가 나왔다.

최초의 표적 항암제 글리벡

최초의 표적 항암제는 1990년대에 나온 '글리벡(Gleevec)'이라는 약으로, 글리벡은 상품명이고, 원래 화합물의 이름은 '이마티닙Imatinib'이다.

나는 이 약을 '영리한 약smart drug'이라고 부른다. 이제까지는 어떤 경험상으로 '이렇게 하니까 암세포가 죽더라' 하는 더듬기식의 치료였다고 한다면, 이 약은 드디어 과학적인 메커니즘을 알고, 그것을 표적으로 잡는 아주 영리한 방법을 쓴 최초의 치료제다.

이것은 아주 간단한 메커니즘을 타깃으로 삼았다. 만성 백혈병에서 '필라델피아 염색체'가 탄생하는 것이 만성 백혈병을 일으키는 일부 원인이라는 걸 알게 되었다. 이 염색체는 필라델피아에서 처음 발견해서 '필라델피아 염색체'라는 이름이 붙었는데, 9번 염색체와 22번 염색체가 잘린 다음에 두 개가 딱 붙은 것을 말한다. 원래 정상 세포라면 존재하지 않는 암을 일으키는 유전적 변이를 나타내는 염색체인 것이다.

9번 염색체의 일부와 22번 염색체의 일부가 서로 바뀌어 붙으면서, 9번 염색체에 있던 ABL 유전자와 22번 염색체에 있던 BCR 유전자가 붙어버린다. 그러면 BCR이라는 단백질과 ABL이라는 단백질이 융합해서 BCR ABL이 탄생한다.

ABL은 키나아제로서 ATP와 결합해서 세포의 신호 전달을 하는 물질이며, BCR은 비 인파구 세포에서 표면에 나와 있는 단백질이다. BCR과 ABL이 붙어 있는 형태의 단백질(BCR-ABL)에서는 BCR에 의해서 ABL 키나아제가 과도하게 활성화된 상태를 띤다.

쉽게 말해, 스위치가 켜졌다가 꺼져야 하는데 ABL이 활성화되어 항상 스위치가 켜져 있는 것이다. 그래서 이 염색체가 암이 된다는 것을 발견했다. 여기서 BCR-ABL을 타깃으로 삼은 것이 바로 글리벡이다.

글리벡은 스위스에 본사를 둔 다국적 제약회사 노바티스에서 만들었다. 이것은 다국적 제약업계의 엄청난 경쟁을 볼 수 있는 이야기이기도 하다. 노비티스에서는 융합 단백질을 타깃으로 잡으면 되겠다 싶어서 화합물 라이브러리를 만든 다음, 그 라이브러리에 세포들을 쭉 놓고 어떤 것이 들어갔을 때 세포를 죽이는지를 확인했다.

그 과정에서 하나의 약을 찾았는데, 그것이 바로 BCR-ABL에 끼어들어 ATP와 결합하는 주머니에 딱 들어갔다. 그러면 BCR-ABL은 ATP가 결합하지 못해서 그 세포의 ABL 키나아제가 더 이상 켜지지 않았고, 그래서 그 세포는 죽었다. 그런데 이 약은 BCR-ABL만 표적으로 삼으니 당연히 정상 세포에는 영향이 없다. 부작용이 없는 것이다.

글리벡을 사람에게 적용한 임상 1상의 결과가 아주 좋았다. 그런데 원래 임상에서 1상, 2상, 3상까지 가는 시간이 10년은 걸린다. 코로나19 사태 때 화이자의 mRNA 백신, 모더나의 mRNA 백신, 아스트라제네카의 AVV 백신이 빨리 나올 수 있었던 건 상황이 긴박한 만큼 굉장히 빠른 속도로 승인을 받았기 때문이다. 이것은 팬데믹이라는 특수 상황이었기에 가능했다.

암 환자도 급한데 빨리 승인해주면 안 되느냐고 물을지 모르겠지만, 아무리 항암제라고 하더라도 원래 임상 속도는 훨씬 더 느리다.

그래도 좋은 소식은 1상의 결과가 아주 좋았다는 것이다. 게다가 글리벡은 경구용으로, 주사를 맞을 필요도 없고 매일 먹기만 하면 된다. 부작용도 없고 백혈병 세포들은 죽어 나간다.

그래서 이 약의 임상 1상 결과가 발표됐을 때, 백혈병 환자들과 보호자들이 당시 미국 대통령이었던 빌 클린턴 대통령에게 편지를 썼다. 이 약에 대해 빨리 임상 허가를 해 달라고 계속 요청한 것이다. 그래서 임상이 3상까지 가지 않았는데도 허가해서 공개한 최초의 약이 되었다. 이 약은 그 정도로 획기적이었다.

지금은 글리벡의 특허가 풀려서 유사한 제네릭 의약품도 많이 나왔다. 그런데 특허가 풀리기 전에도 비슷한 메커니즘을 사용하는, 예를 들어 시키트c-kit 유전자가 많이 발현되는 암종이라든가 다른 병에도 글리벡이 광범위하게 쓰이게 되었다. 글리벡은 경구용 항암제로서 최초의 성공작이었다.

글리벡의 출시로 드디어 항암제 시장이 완전히 바뀌었다. 어떻게 보면 글리벡은 완벽하게 분자생물학의 승리가 된 약이다. 우리가 공부했던, 수없이 많은 암 생물학의 메커니즘이 드디어 인류의 질병을 치료하는 단계에 들어가게 된 것이다.

이 성공을 보고는 수많은 다국적 제약회사에서 천문학적 돈을 들여, 각 메커니즘에 따라서 수만 개의 약물 중 유망한 약물을 골라내는 과정인 약물 스크리닝drug screening, 즉 약물 선별 검사를 했고 지금도 하고 있다.

뉴스에서 처음 글리벡에 대해 들었을 때를 아직도 생생하게 기억한다. '드디어 새로운 치료의 시대가 열렸구나!'라는 생각이 들었다. 이전의 암 치료는 모든 세포를 공격하는 방식이어서 부작용을 수반했다면, 이제 드디어 병의 메커니즘을 제대로 알고 전략을 수립하는, 보다 정밀하고 과학적인 방향으로 나아가게 되었다.

개인 맞춤형 치료의 시작

코로나19 사태를 겪으며 '아스트라제네카'라는 제약회사를 모르는 사람이 없을 것이다. 아스트라제네카는 원래 백신 회사가 아니라 항암제 회사로 아주 유명하다. 아스트라제네카가 코로나바이러스 백신을 만든 것은 항암제로 돈을 많이 버는 만큼, 인류를 구원하는 저렴한 백신을 만들기 위함이었다고 말한다. 그래서 옥스퍼드 제너 연구소의 생산물을 가져다가 아스트라제네카가 임상 시험을 해서 공급한 것이 아스트라제네카의 코로나19 백신이다.

앞서 설명한 백혈병보다 폐암 환자가 훨씬 더 많고, 증상 또한 환자를 괴롭히는 일이 훨씬 더 많다. 그런데 가장 주목받는 폐암 치료제를 만든 업체는 아스트라제네카다. 2000년대 초반에 아스트라제네카의 혁혁한 공이 들어가서 새로운 시대를 맞이하게 만든 약은 바로 이레사^{Iressa}다. 상품명이 이레사고, 화합물명은 제피티닙^{Gefitinib}이다.

폐암의 원인 중 하나를 과학자들이 발견했다. 세포 표면에 세포 성장 호르몬의 수용체인 EGFR의 돌연변이가 폐암을 만든다는 것이다. 그래서 아스트라제네카는 EGFR 돌연변이를 타깃으로 하는 약을 선별했다. 그 결과 이레사, 즉 제피티닙을 찾을 수 있었다.

제피티닙을 찾았을 때 《네이처》에서는 드디어 우리가 암을 거의 정복할 수 있을 것처럼 이야기했었다. 그것은 사실 맞는 얘기였다. 왜냐하면 EGFR의 돌연변이는 폐암에만 있는 게 아니라 매우 많은 암종에 존재하기 때문이다.

12명을 대상으로 임상 시험을 했는데 임상에서 굉장히

결과가 좋았다. 3명은 완전히 완치되었다. 게다가 이 약도 경구용이다. 경구용의 특징은 매일 먹어야 한다는 것인데, 이것은 제약회사 입장에서는 굉장히 좋은 점이기도 하다. 주사제보다는 경구용이 환자들 입장에서도 편리하지만, 한편으로는 그것에 의존하게 되기 때문이다.

이 약이 너무 효과가 좋았는데, 문제는 12명 중에서 두 명이 간질에 걸렸다는 사실이다. 한 명은 죽기까지 했다. 당연히 미국 식품의약국^{FDA}은 이 약의 허가를 중단했다. 한 명이라도 인명 피해가 있으면 허가를 중단한다. 같은 약으로 누군가는 병을 치료한다 하더라도 한 명의 생명이라도 앗아갈 위험이 있는 것은 허용하지 않는 것이 각국 식약처의 원칙이다.

연구가 진행되고 있는 와중에 허가가 중단되었으니 아스트라제네카는 지옥으로 떨어진 셈이다. 천문학적인 돈을 들여서 그 약을 개발했으니 당연하다.

그런데 그 후에 최고의 의학 저널에 놀라운 내용이 실렸다.[1] 일본에서도 이레사의 임상 시험이 진행되고 있었는데, 비흡연 일본인 여성이 복용했을 때 간질 같은 부작용도 없었고 폐암이 다 치료되었다는 것이다.

일본인은 서양인과 유전적 차이가 있다. 이 사례를 분석해봤더니 EGFR 돌연변이 중에서 서양인보다 동양인에게 특정 돌연변이가 많이 존재했다. 그런데 이레사가 그 특정 돌연변이에 굉장히 효과가 좋았던 것이다. 따라서 암의 발달에서도 인종적 차이가 있다는 걸 발견하게 되었다.

이 뉴스를 보고 암에 대해 공부를 열심히 하는 우리나라의 폐암 환자들이 아스트라제네카에 편지를 썼다. 원래 임상 시험을 한 50명에게 하게 되어 있었는데, 이 수를 늘려달라고, 동정적 임상 시험을 하게 해달라고 요청했다. 아스트라제네카가 그 요청을 받아들여 동정적 임상 시험을 했고, 거기서 굉장히 좋은 결과를 나타냈다.

그래서 FDA가 아시아 사람들한테는 이 약을 써도 좋다고 허가했다. 즉 EGFR의 특정 돌연변이가 있는 사람에게는 이레사가 효과적이라는 것이다. 그래서 아스트라제네카는 지옥에서 천국으로 다시 올라갔다. 그야말로 너무나도 획기적인 폐암 치료제를 생산해내게 된 것이다. 이레사는 상당히 많은 사람의 생명을 구했기 때문에 아주 좋은 약이라는 데 이견이 없다.

약을 만들면 어디서 임상 시험을 했느냐가 정말 중요하

다. 그전까지는 미국, 영국, 스위스 등에 큰 제약업체가 있으니, 이런 서양 나라들에서 상당히 많은 임상 시험을 진행했다. 인종이 다른 아시아에서는 임상 시험을 거의 하지 않은 것이다. 그렇다 보니 서양인에게는 효과적인 약이라고 해도 아시아인에게는 효과가 없을 가능성이 컸다. 그런데 이 사건 이후 아시아가 굉장히 중요한 임상 시험 장소로 떠올랐다.

인종이나 가계마다 특정 유전자의 변이가 존재하고, 그것은 치료에서 매우 중요하다. 여기에서 정밀 의학, 더 나아가 개인 맞춤형 의학이라는 개념이 나온 것이다. 유전자형에 따른 치료가 가능한 새로운 시대가 열리기 시작했다.

일대일 맞춤형 암치료의 탄생

스티브 잡스가 췌장암에 걸렸을 때 한 일

지금까지 설명했듯 과학계에서는 많은 사실이 새로 알려졌지만, 병원 현장에서는 원래 하던 대로 해야 한다. 왜냐하면 병원은 실험실이 아니기 때문이다. 실험실에서 가능한 일이 병원까지 가려면 훨씬 더 많은 시간이 걸린다. 10년, 15년이 걸릴 수 있다.

연구실에서 병원까지 가는 게 오래 걸리는 것은 당연한 일이다. 왜냐하면 인명은 너무 소중하기 때문이다. 실험용 기니피그나 실험용 생쥐처럼 사람에게 실험할 수는 없기 때문이다. 그래서 신약이 실제 환자들에게 가 닿기까지는 여러 과정을 거쳐야 하고, 시간이 오래 걸린다.

그러나 환자들 입장에서는 느긋하게 기다리기가 힘들다. 그런 환자들 중 한 명이 바로 스티브 잡스였다. 2011년 사망한 스티브 잡스는 췌장암 수술을 한 번 하고도 스탠퍼드 대학에서 15분짜리 명 연설을 했다. 그때 췌장암을 극복한 얘기도 했었다.

잡스는 누구보다 첨단 과학에 가까이 접근해 있어서 정보를 다 알고 있던 사람이다. 그래서 췌장암이 재발했을 때 다음과 같이 생각했다고 한다.

'새로운 의료 기술이 병원까지 오는 것은 너무 느려. 그리고 나는 외과 의사들을 별로 못 믿겠어. 이미 한번 수술해봤는데도 재발했잖아. 내 유전자를 모두 다 염기서열 분석(시퀀싱)을 해내면 어느 돌연변이가 있는지 찾고 그것을 타깃으로 하는 약을 찾을 수 있지 않을까? 그러면 내 병을 고칠 수 있다!'

그래서 잡스는 브로딘 인스티튜트와 함께 자기 유전자를 몇 번 염기서열 분석을 했다. 당시는 자기 유전자를 다 염기서열 분석을 한 사람이 그리 많지 않았다. 전 세계 20명 이내였을 것이다. 물론 잡스는 돈도 많았기 때문에 그게 가능했을 것이다. 호사가들의 이야기로는 10억에서

20억 원은 들었을 거라고 한다.

그렇게 염기서열 분석을 한 다음 63개의 돌연변이를 찾았는데, 63개 중에서 어디를 타깃으로 해야 하는지가 문제였다. 왜냐하면 '이 유전자에 이 약이 타깃이 된다'는 정보도 없거니와, 가장 중요한 돌연변이를 표적으로 삼아야 하는데 그게 뭔지를 판단할 만한 데이터가 없었기 때문이다. 겨우 20명 정도의 데이터로는 판단할 수 없었다. 20명 중에 췌장암 환자도 잡스밖에 없었다. 그래서 결국 잡스는 염기서열 분석을 많이 했으나 성공하지 못했다.

그런데 만약 데이터가 엄청나게 많이 있다면 어떨까? 1만 명의 데이터를 가지고 있고, 이들에게 63개 돌연변이가 다 있다 해도 교집합으로 따져서 어디가 가장 중요한 타깃인지 찾을 수 있다. 앞에서 본 BCR ABL, EGFR처럼 말이다. 그럼 그곳을 타깃으로 정하면 되는 것이다. 그리고 어떤 유전자의 돌연변이에 어떤 약이 듣는지를 맞힐 수 있다면 빅데이터 안에서 제대로 된 타깃을 찾을 수 있다.

그런데 여기에도 문제는 있다. 우선 사람들이 다 잡스처럼 부자가 아니라는 점이다. 그러니까 1만 명이 10억씩 내서 염기서열 분석을 할 일은 만무하다.

그러나 만약 차세대 염기설 분석법이 엄청나게 발전해서 10만 원에도 염기서열 분석을 할 수 있다면, 훨씬 더 많은 사람이 유전체 분석을 하게 될 것이다. 이렇게 되면 빅데이터의 힘을 활용할 수 있다. 데이터를 바탕으로 타깃을 할 수 있는 정보를 얻어내는 것, 이게 바로 개인 맞춤형 의학으로 가는 기반이 될 것이다. 그래서 앞으로 유전체 데이터가 더욱 중요해질 것이다.

빅데이터와 정밀 의학

그런데 염기서열 분석만 하면 될까? 정말 그게 다일까? 이런 생각을 한번 해봤다. 어쨌든 개념은 열렸고, 아직 그 시대에 도달하지 않았지만 그 방향으로 가고 있다.

이것은 지금의 조 바이든 미국 대통령이 부통령이었던 2016년 이야기다. 2015년에 바이든의 아들인 보 바이든이 뇌암으로 사망했다.(보 바이든도 유망한 정치인이었다.)

당시 아들을 잃은 조 바이든은 이런 생각을 했다.

'과학이 훨씬 더 많이 발전하고 정보를 많이 가지고 있었다면 내 아들이 표적 항암제로 살 수 있었을지도 모른다.'

바이든은 정밀 의학Precision Medicine에 관심을 가졌다. 과학자들에게서 유전체에 관한 정보를 듣고, 그 내용을 당시 대통령이던 오바마에게 이야기했다. 그래서 오바마 대통령은 2016년에 "올해는 정밀 의학의 원년입니다"라고 했다. 마치 달나라에 가겠다고 선포하는 대통령, 그리고 유전체 지도를 완성하겠다고 선포한 빌 클린턴과 토니 블레어처럼 전 세계를 향해서 미국은 정밀 의학을 향해 간다고 선포한 것이다.

이 말은 곧 정밀 의학을 더 많이 지원할 것이라는 뜻이고, 정치 지도자로서 새로운 시대를 열겠다는 뜻이었다. 그리고 지금 우리는 그 길목에 살고 있다.

수십 년 동안 분자 생물학자들이 연구하면서 알게 된 사실이 있다. 예를 들어 같은 마취제라 하더라도 몇 퍼센트의 사람은 절대 마취가 안 되고 문제가 일어날 수 있다는 사실이다. 그 이유는 사람마다 유전자가 다르기 때문이다.

그러므로 사람마다 다른 유전자에 근거한 치료를 하자는 것이 정밀 의학이다. 개인의 유전자 정보를 알고 거기에 맞춤형으로 치료한다는 것이다. 여기서 한 단계 더 나아가면 개인 맞춤형이 된다.

그러나 정밀 의학은 그 개념을 알아도 연구가 충분히 되어 있지 않으면 할 수 없는 일이다. 그래서 오바마는 3배 정도의 돈을 더 많이 들여서 연구를 지원하겠다는 이야기를 했었다.

영국에서도 캐타펄트Catapult라는 정밀 의학 프로젝트를 진행하기로 하고 정부 지원을 약속했다. 영국 정부는 정밀 의학을 P4로 정의했다. 병을 예견하고Predict, 예방하고Prevent, 개인화하고Personalize, 참여해야Participate 한다는 것이다. 어떤 돌연변이가 있으면 예측할 수 있고, 예방할 수 있으며, 개인적인 것이므로 개인 맞춤형이다.

그렇다면 이런 활동에 왜 참여해야 할까? 바로 빅데이터가 필요하기 때문이다. 빅데이터가 있으면 예견할 수 있다. 그러니까 많은 사람이 참여해야 필요한 사람에게 혜택이 가는 것이지, 혼자 조사하고 혼자 해서는 정밀 의학을 이룰 수 없다는 말이다.

AI의 시대다. 코로나19 사태에 맞닥뜨렸을 때 이런 이야기를 많이 들었다.

"AI도 있는데 왜 약이나 항체를 못 만드는가?"

그 이유는 데이터가 없어서다. 사스SARS가 유행했을 때도 마찬가지였다. 빅데이터가 없는데 어떻게 AI가 힘을 발휘하겠는가? 그나마 암은 그동안 워낙 많은 연구를 하면서 흔한 암의 경우에는 데이터가 많이 쌓여 있다. 그래서 정밀 의학이 가능한 것이다.

글리벡 이후에 약물 스크리닝(선별 검사)을 많이 해서 신약이 많이 나왔지만, 실패도 많이 했다. 왜 그럴까? 약물 스크리닝을 할 때 세포 배양의 플랫폼 같은 것이 많이 다르기 때문이다. 그래서 75%가 실패한다. 그러면 그 약들은 다 효과가 없는 걸까? 아니다. 임상 시험의 대상에게 효과가 없었던 것뿐이다. 예를 들어, 아프리카에 사는 2%의 사람들에겐 효과가 있을지도 모른다. 유전자를 조사해서 약물 재배치 방법을 쓸 수 있는 것이다.

이를 위해서는 기본적으로 유전체 빅데이터가 필요하다. 여러 암종의 데이터를 가지고, 어떤 유전자를 망가뜨렸을 때 어떤 효과가 있는지까지를 연구해서 축적한다. 그 데이터를 가지고 결과를 예측하기 위해 대량의 데이터 셋트에서 패턴 및 상관관계를 찾아내는 과정인 데이터 마이닝을 한다. 그리고 그걸로 기계 학습을 시킨다. 이렇게 하면 병을 훨씬 더 잘 예측할 수 있게 된다.

그러면 나중에는 새로운 환자에게 어떤 약이 맞는지를 예측하고 싶다면 아주 일부의 생물학적 지표(바이오 마커)만을 조사하고 난 다음에는 기존의 빅데이터에서 근거한 것을 토대로 정확하게, 선별적으로 맞는 약을 제시해줄 수 있다. 이것이 바로 정밀 의학이다.

정밀 의학에 뛰어든 국가들

이런 목표를 향해서 여러 국가가 엄청난 집중적 지원을 하고 있다. 특히 영국의 생어Sanger 센터는 전 세계에서 가장 큰 유전체 연구소다. 코로나19 사태에서 '영국발 변이'라는 말을 했는데, 사실 그건 영국에서 유전자 서열을 분석한 변이지, 영국에서 발생한 변이는 아니다.

생어 센터는 케임브리지 대학의 교외에 있는 '웰컴 게놈 캠퍼스Wellcome Genome Campus'라는 엄청나게 큰 곳에 있는데, 엄청난 데이터를 생산해내는 곳이다. 이곳도 가장 큰 목적은 개인 맞춤형 의료, 즉, 정밀 의학의 데이터를 생산해내는 것이다. 그래서 매우 많은 일이 데이터 기반으로 이루어지고 있다. 사실 세상의 과학이 데이터 기반으로 다 움직이는 것 같다.

미국에서는 하버드 대학과 MIT의 중간 지점에 있는 케임브리지 스트리트에 브로드 인스티튜트Broad Institute라는 민간 교육기관이 생겼다. 이곳의 리더는 에린 랜더Erin Lander로, 바이든 대통령이 그를 장관급 과학 정책실장으로 임명했다. 랜더는 유전체, 단백질체 등에 관한 모든 정보를 축적하는 빅데이터를 기반으로 새로운 과학을 하고자 한다. 이것은 결국 사람마다 다른 유전자에 주목해서 연구하는 것이다.

그래서 어떤 병증이 나타나는 현상을 유전체를 통해 예견하고, 전사 처리를 통해 예견하고, 대사체를 통해서 예견하고, 단백체를 통해서도 예견한다. 즉 통합적 예견을 하고 난 다음에는 정확하게 맞는 약을 제시할 수 있을 것이라는 이야기다. 이것이 바로 동반 진단의 개념이다. 한 사람한테는 안 듣지만 두 사람한테 듣는 약이 있다면, 나머지 한 사람을 위한 약을 찾아낼 수 있다는 것이다. 지금까지의 데이터, 앞으로 할 선별 검사를 기반으로 말이다.

그러기 위해서 굉장히 종합적인 과학이 필요하다. 유전체 의학, 실험 생물학, 데이터 마이닝을 해야 하니 AI, 빅데이터 사이언스, 병원의 의사 등이 융합되어야 한다.

생명과학,
인공지능의 날개를 달다

인공지능과 결합한 생명과학

2016년 구글(알파벳)의 자회사 딥마인드가 개발한 바둑 두는 인공지능 알파고가 이세돌과 격돌했다. 바둑을 사랑하는 사람들은 바둑이야말로 인간 최고의 종합적 지능 게임이라 인공지능 알파고가 결코 이세돌을 이길 수 없을 거라고 장담했다.

　나는 한 공부 모임에서 알파고와 이세돌 중 누가 이길지 내기를 했다. 만 원씩 건 이 내기에서 24명의 과학자와 공학자 중 알파고에 건 사람은 단 둘이었다. 나를 포함한 22명이 이세돌에 걸었다. 아니 이세돌이 이기기를 바랐을 것이다.

결과는 다 알다시피 알파고의 완벽한 승리였다. 바둑 두는 사람들의 이야기를 들으니 알파고가 둔 바둑은 전혀 새로운 바둑이었다고 한다.

인공지능이 인간의 가장 진화된 두뇌 활동까지 이겨버리자 사람들은 적잖이 놀랐다. 만 원을 잃었지만 나의 충격은 그리 크지 않았다. 이세돌과 붙기 전, 알파고는 정말 많은 경기를 치렀고, 그때마다 기계 학습을 해왔으므로, 인공지능의 작동 원리상 잘할 수밖에 없었다. 이세돌이 그런 알파고의 수를 읽어내기 힘들었을 것이다. 2016년 가을의 일이다.

딥마인드가 바둑 두는 인공지능으로 끝내지 않을 것이라는 건 명확했다. 그런데 알파고 다음 스텝이 바로 인류가 가장 궁금해하는 생명과학의 비밀을 풀 '알파폴드AlphFold'라는 사실을, 게다가 2020년 12월에 바로 등장하리라고는 누구도 예상치 못했다.

과학을 하다 보면 자연스레 같은 질문을 쫓는 경쟁자가 생긴다. 경쟁자가 비슷한 논문을 먼저 발표한다는 소문을 들을 때도 있었고, 획기적인 항암제를 개발했다는 보도를 접할 때도 있다. 그럴 때 나는 별로 흔들리지 않았었다. 나의 질문을 쫓아, 우리의 속도대로 차근차근 풀어나갈 자신이 있었기 때문이다.

그런데 알파폴드의 탄생은 상당히 위협적이었다. 인공지능이 어떻게 생명과학의 질문을 풀어내는지 그 메커니즘을 이해해야 했다. 인공지능의 세계가 어떻게 돌아가고 있는지 관심을 두지 않는다면, 어쩌면 연구실에 틀어박혀 연구에 매진하는 사이 세상이 바뀔 수도 있는 일이었다. 세상이 어떻게 변하든 상관없이 내 할 일에만 몰두한 결과로 내 분야에서 뒤처질 수도 있다는 위협을 느꼈다.

바이오 인공지능의 탄생

알파폴드는 딥러닝 기계학습 인공지능 기법을 활용하여 실험 없이 단백질의 구조를 예측해내는 인공지능이다. 지금까지 엑스레이 회절 기법, 핵자기공명, 초저온 전자현미경을 활용하여 알아낸 단백질의 구조는 많지만, 자연계에 존재하는 전체 단백질에 비하면 지극히 적다.

단백질의 구조를 알아낸다는 것은 그 단백질이 어떻게 기능하는지 메커니즘을 규명하는 일이다. 생명 현상을 수행하는 핵심인 단백질의 구조를 알아내는 일은 분자생물학의 중요 분야로, 난치병을 치료할 신약 개발의 첩경을 제공한다. 노벨 화학상의 상당 부분이 중요 단백질 구조를 밝힌 이들에게 주어졌다.

초저온 전자현미경^{CryoEM}을 사용하면 엑스레이 회절 기법보다 생리적인 환경에서의 단백질 구조를 더 정확하게 알 수 있으며, 막 단백질이나 거대 복합체의 구조를 파악할 수 있다. 이를 실현해 구조 생물학의 새 장을 열어젖힌 케임브리지 분자생물학 연구소의 리처드 핸더슨, 쟈크 두보셰, 요아킴 프랑크가 노벨상을 수상한 것이 2017년이다. 핸더슨, 두보셰, 프랑크가 초저온 전자현미경을 개발하기까지는 15년 이상 걸렸다.

그런데 인공지능 알파폴드는 알파고가 나온 직후, 불과 4년 만에 단백질의 서열만 알면 바로 그 구조를 예측해낼 수 있다고 했다. 이를 바탕으로 딥마인드는 신약 개발 회사가 될 것이라고 선언하기에 이른다.

알파폴드가 발표된 직후 워싱턴 대학의 베이커 그룹은 '로제타폴드^{RoseTTAfold}'를 발표하고 이 프로그램을 모두에게 개방하는 공공성을 발휘했다. 로제타폴드는 데이터와 알고리즘을 전면 개방함으로써 생명과학에 인공지능 시대가 도래했음을 공표한 것이다.

인공지능이 내 직업을 위협할 수 있다는 두려움을 느낀 동시에 인공지능이 얼마나 예측을 잘할 수 있는지 몹시도 궁금했던 나는 로제타폴드를 바로 활용해보았다. 그 결과 인공지능이 아니었다면 6개월 정도 걸렸을 실험을 단 일주일 만에 해낼 수 있었다. 24개 정도의 실험 세트를 인공지능 로제타폴드로 예측한 구조를 통해 4개의 실험 세트로 줄일 수 있었다. 또 예측된 단백질 구조 정보를 바탕으로 이제까지 풀어내지 못한 문제의 답을 얻어내는 놀라운 경험을 했다.

로제타폴드의 발표는 알파폴드보다 예측 성능이 더 좋은 알파폴드2의 개발과 발표를 바로 이끌어냈다. 바로 얼마 전 딥마인드는 단백질의 구조를 넘어 단백질과 핵산이 결합하는 구조를 예측하는 알파폴드3를 발표했다. 2020년부터 4년도 걸리지 않아 단백질과 DNA의 결합 구조를 예측해내는 일이 가능해진 것이다. 이제 인공지능은 생명과학 연구의 중요 도구로 자리 잡았다. 바이오와 인공지능의 결합, '바이오 인공지능'의 탄생이다.

달라진 신약 개발의 패러다임

바이오 인공지능은 데이터를 먹고 자란다. 딥마인드의 홈페이지를 방문해보면 구조 데이터가 기하급수적으로 추가되고 있다. 지금까지 2억 개 이상의 단백질 구조를 예측해내며 과학 발전을 촉진하고 있다고 발표하고 있다. 풍부한 데이터를 통해 인공지능은 더 잘 학습하며 점점 더 똑똑해진다. 예측 성능도 점차 더 발전하게 되는 것이다. 그래서 인공지능이 실험하지 않고 알아내는 구조가 정말 많아졌다.

그러나 실험이 필요 없어진 것은 아니다. 알파폴드나 로제타폴드는 데이터를 기반으로 개발되고 학습하는 인공지능이다 보니, 이제까지 전혀 알려지지 않았던 구조는 예측해내지 못한다. 이때 실험이 필요하다. 초저온 현미경과 생물물리학적 실험 데이터가 필요해진다.

실험을 거친 다음에 데이터를 인공지능에 삽입하면, 똑똑해진 인공지능은 새로운 구조를 아주 빠른 속도로 학습해, 그다음 입력되는 새로운 단백질, 새로운 단백질-핵산 구조를 아주 잘 알아낸다. 실험-데이퍼-인공지능-실험-인공지능. 이러한 고리가 새로 생겨난 21세기 구조생물학의 시대, 신약 개발의 패러다임은 생물학자들의 예상을 깨고 완전히 바뀌어버렸다.

인공지능은 구조만 다루지 않는다. 코딩이 상대적으로 쉬운 유전체 데이터, 단일 세포 RNA 데이터, 복합 오믹스 데이터는 물론이고, 바이오 영상 이미지도 다룬다. 병리학 교실의 조직학 이미지, 영상 의학, 분자생물학 연구실의 초고해상도 고분자 단백질의 영상 이미지까지, 그 영역은 무궁무진하게 넓어지고 있다.

또한 인공지능이 읽어낸 데이터는 진단하기 힘든 질병의 조기 진단, 예후, 신약 개발, 환자 맞춤형 정밀 의학에 중요하게 활용될 것이다. 생명과학의 실험 방법도 그에 따라 급속도로 진화하고 있다.

기본 데이터가 없다면 바이오 인공지능은 무력하다. 학습할 데이터가 있어야 하고, 새로운 실험과 그 결과가 입력되어야 한다. 그렇다면 결국 데이터다. 그런데 사람의 유전체, 단백체, 전사체, 대사체 등 바이오 데이터는 개인정보 보호법에 따라 철저히 보호되고 있고, 보호되어야 한다.

아이러니하게도 현재 인공지능이 기술적으로 할 수 있는 일은 많지만 학습할 데이터는 부족하다. 기존에 발표된 유전체 데이터 중에도 노이즈가 많아 쓸모 있는 데이터를 추려내는 일도 필요하다.

바이오 개인정보는 보호되어야 한다. 이 정보로 인해 의료 보험에서 불이익을 받고 인권의 침해가 이루어진다면 큰일이니 개인정보의 노출을 꺼리는 것은 당연한 일일 것이다. 그런데 2023년 영국은 UK 바이오뱅크Biobank라는 사업을 통해 50만 명의 영국인 유전체 데이터를 공개한다고 발표했다. 누구인지 알 수 없도록 암호화한 이 귀한 바이오 데이터에는 성별, 나이, 인종, 질병 이력 등이 포함된다. 비영리적인 학계에는 무료로 공개하고, 영리 법인에서는 데이터 사용료를 받는다.

엄청난 돈을 들였을 프로젝트를 무료 공개했으니, 이 데이터를 기반으로 개발될 인공지능은 질병의 예측, 진단, 개인 맞춤형 치료법의 선택에 있어 획기적인 발전을 가져올 것이 틀림없다.

영국 정부와 민간 기관이 엄청난 돈을 들인 프로젝트의 무료 개방, 그리고 이를 기반으로 무궁무진하게 발전할 바이오과학. 데이터가 잘 쓰일 때 얼마나 인류가 혜택을 받게 될지 앞으로 우리는 보게 될 것이다. 그리고 어쩌면, 좁은 시야에 갇혀 데이터를 나누지 않았을 때 어떻게 뒤처지는지 경험할지도 모른다.

인공지능과 결합해 인류에 큰 도움이 될 수 있는 분야는 단연코 생명과학이다. 개인의 인권과 정보는 잘 가리고 보호하면서 그 데이터를 잘 학습하여 새로운 개념을 만들어낼 인공지능이 할 수 있는 일은 무궁무진하다.

따라서 지금 당장 시작하지 않으면 안 된다. 알파폴드로 대변되는 바이오 인공지능은 영국에 있는 구글의 자회사 딥마인드가 만들었지만, 창의적인 혁신 바이오 스타트업에 대한 투자가 많은 미국이 단연코 바이오 인공지능의 최강국이다. 콜럼비아 대학 교수 출신으로 금융에 인공지능을 적용하여 큰 성공을 거둔 데이비드David Shaw가 만든 디이쇼D.E. Shaw라는 기업도 바이오 인공지능 연구에 도전하면서 조건 없이 인재들을 등용해 혁신적 연구에 막대한 돈을 투자하고 있다. 나스닥에 상장된 회사들의 이름들을 보면 바이오 인공지능을 기반으로 하는 정밀 의학 진단 회사들 상당수가 눈에 띈다. 최근 인공지능의 동력이 되는 GPU(Graphic Processing Unit)를 생산하는 엔비디아의 시가 총액이 크게 뛰어올랐는데, 바이오 인공지능 기업들이 한몫하고 있다.

우리나라의 바이오 인공지능

우리나라의 현황은 어떠한가. 서울대 바이오 인공지능 연구단이 만들어지기 전에는 바이오와 인공지능 연구를 잘하는 연구자들은 많이 있어도 이들이 한데 모일 동력이 없었다. 우리 연구자들이 세상에 공헌해야 하지 않겠냐는 사명감으로 뜻을 모아 가장 잘할 수 있는 새로운 연구 분야 5개를 선정하였는데, 그중 첫 번째가 바이오 인공지능 연구였다.

2022년 4월, 아직 바이오 인공지능이라는 말이 사람들 대부분에게 낯설었을 당시, SDB 인베스트먼트의 조영식 의장을 만날 기회가 있었다. 지금 바이오 인공지능 개발을 시작하지 않으면 우리나라가 뒤처질 것이라는 이야기와 함께 서울대에는 각 분야 인재가 다 모여 있으니 충분한 지원만 있다면 세상을 이롭게 할 훌륭한 바이오 인공지능을 개발할 수 있을 것이라며 지원을 요청했는데, 이 부탁에 흔쾌히 거액의 기부를 약속했다. 학과와 대학의 경계를 넘어 최고의 인재들을 뽑아 지원해 줄 수만 있다면 혁신적인 성과를 이끌어낼 수 있을 것이라는 제안에 20분도 채 지나지 않아 응답한 것이다. 조건 없는 자유로운 연구, 최고의 연구자들이 따로 또 같이 최고의 연구에 도전할 수 있는 마당이 생긴 것이다.

연구비와 함께 연구의 동력이 될 GPU 클러스터를 마련할 재원이 확보되었어도 대학에는 거쳐야 할 절차가 있었기에, 바로 시작하지는 못했다. 우여곡절 끝에 2022년 말 15명, 2023년 말 25명의 연구자가 공모 경쟁을 통해 합류하였고, 서울대 바이오 인공지능 연구단이 완성되었다. 그 이름도 의미 있게 'SNU AI-Bio Center(ABC). 알파벳의 처음처럼 새로운 일을 시작하게 될 것이라는 의지를 담았다.

인공지능 연구자와 데이터사이언스, 실험 생명과학자, 의학자 40여 명, 또 이들의 연구실에 속한 170여 명의 학생 연구자들은 담대한 연구에 도전을 시작했다. 우리나라만 바이오 인공지능 연구의 시작 단계에 있지는 않다. 인공지능이 결합된 바이오 분야가 어디까지 갈지, 어떤 길을 개척하게 될지 그 누구도 단언할 수 없는 상황이다. 인간과 다른 방식으로 학습하고 계산하는 인공지능과 인간의 실험 디자인, 그리고 문제의식의 합주가 이뤄낼 하모니가 지금 정해져 있을까.

다만 돈이 많은 이는 첨단 의학의 혜택을 받아 더 건강하게 오래 살고, 돈이 없는 사람은 그 혜택이 제한되는 지금의 불평등 시대에 인공지능은 좀 더 저렴한, 그러나 정확한 진단 기술을 제공해 더 나은 치료법을 제시할 것으로 기대된다. 그 결과 불평등의 간극을 좁히는 데 기여하게 될 것이다.

새로운 도전을 시작한 서울대 바이오 인공지능 연구단이 앞으로 세상에 어떤 희망의 혁신을 만들어낼지, 떨리는 마음으로 기대해본다. 당장 성과를 내지 못한다 해도 괜찮다. 과학의 역사에 실패는 없다. 도전의 결과가 실패로 보일지언정 언제나 새로운 창조로 이어져왔다는 것을 과학사는 증명하고 있으니 말이다.

췌장암 극복의 실마리

유전체 염기서열 분석(시퀀싱)을 훨씬 더 잘할 수 있다면, 혹은 바깥에서 질병 모델링을 잘할 수 있다면 좋을 것이다. 그래서 지금부터 '오가노이드organoids'라는 것에 관해 설명하고자 한다.

줄기세포에 폐를 키운다. 6일 되고, 8일 되면 점점 줄기세포 배양체에서 폐처럼 모양이 나온다. 그리고 이제 3차

원 구조체3D scaffold에 키우면 폐포까지 생긴다. 이것을 오가노이드라고 부른다.

오가노이드는 실험실에서 만들어진 미니 장기다. 왜 이런 것을 만들까? 이전까지 했던 전통적인 방식의 선별 검사보다 우리 장기와 훨씬 더 유사한 것들을 선별 검사를 하거나 동반 진단을 한다면 이것이야말로 질병을 완전히 모사하게 되기 때문이다. 그러면 훨씬 더 정확한 유전체 정보, 약물 정보들을 얻게 된다. 정말 양질의 빅데이터가 쌓이면 그것으로 정밀 의학과 맞춤형 개인 치료에 훨씬 더 가까이 갈 수 있는 것이다.

이런 오가노이드가 질병 치료에 많이 쓰이고, 질병을 이해하는 데도 활용되는 시대가 됐다. 너무 많은 것이 발전해서 어지러울 지경이다.

나는 오가노이드를 초창기에 접하고서 여러 가지 생각을 했다. 그 생각을 우리 연구에 어떻게 적용했는지 조금 설명하려고 한다.

앞서 췌장암에 대해 이야기했는데, 췌장암은 정말 힘든 암이다. 췌장암은 굉장히 빠른 속도로 진전해서 사망에 이르게 되며 치명률이 가장 높은 암이다. 90%의 환자들은 췌장암 진단을 받고도 수술을 못 한다. 너무 늦게 발견됐거나 암의 위치가 안 좋아서 수술할 수가 없는 것이다. 췌장은 인슐린을 혈중에 분비하는 아주 중요한 기관이라서 떼어 버릴 수도 없다.

그런데 췌장에 조직 내시경은 할 수 있을 것이다. 그렇다면 조직 내시경에서 미니 장기인 오가노이드를 배양해 낼 수 있다면 어떨까? 환자의 유전체 정보, 대사체 정보, 약물 스크리닝 정보 등을 모두 다 조합하고 기계 학습을 시켜 바이오 마커들을 몇 개 찾으면 이후에 사람마다 정확하게 맞는 약의 정보를 줄 수 있지 않을까?

이런 생각으로 나는 환자 내시경에서 유래한 오가노이드를 배양하는 시도를 했다. 그 기법을 적용해서 몇 년 동안 조금 고생한 결과 이제는 한 90% 이상 성공하게 됐다. 환자의 오가노이드를 배양해서 보니, 이것으로 선별 검사를 해서 유전체 정보도 알 수 있고, 염색체 정보도 알 수 있었다. 환자 맞춤형으로 약물 테스트를 해서 어떤 약이 제일 맞는지도 제시할 수 있다는 가능성을 보게 됐다.

이것을 통합적으로 하게 된다면 결과적으로 AI의 기계 학습을 통해서 훨씬 더 많고, 정교한 적용을 할 수 있게 될 것이다. 그러면 약물 재배치 방법이나 새로운 약을 통해서도 이제까지 극복하기 힘들었던 췌장암을 치료할 수 있지 않을까 하는 생각으로 연구를 진행하고 있다. 오가노이드도 표적 항암제로서의 역할을 할 것으로 기대한다.

완전히 개념이 다른 면역 항암제

최근에 '면역 항암제'라는 얘기를 많이 들었을 것이다. 면역 항암제는 표적 항암제와는 완전히 다른 개념이다.

면역 항암제는 우리 몸의 면역계를 이용해 암세포를 죽이는 것이다. 언뜻 듣기에 그럴 법한 이야기인데, 사실 몇 년 전까지 이게 가능하지 않다고 생각했었다. 왜냐하면 암은 면역계를 회피하고 살아남은 것이기 때문이다. 그러므로 자기 면역계가 암세포를 알아보고 죽이는 게 불가능하다고 생각했다. 그런 시도를 하다가 실패한 사람도 많아서, 암에서는 면역 요법이 가능하지 않다고 본 것이다.

그런데 '진짜 그래?'라는 생각을 한 사람들이 있었다. 그들은 타스쿠 혼조Tasuku Honjo와 제임스 앨리슨James P. Allison이다.

원리는 간단하다. 항상 우리 몸의 면역계에는 T세포와 B세포가 있다. 암이 생기면 정상 세포가 달라지면서 매우 많은, 다른 단백질을 내기 때문에 이 세포는 일종의 외부로 인식될 수 있다. 그런데 왜 T세포가 이것을 외부로 인식하지 못하는 걸까? 이 메커니즘을 알아내서 T세포가 이것을 외부로 인식하게 만들면 되지 않을까? 그러면 T세포가 암을 죽이지 않을까? T세포가 암을 외부 물질로 인식하지 못하게 하는, 그 눈을 가려버린 장막만 걷어내면 된다고 생각한 것이다.

다음 그림을 보자.[2] A 그림을 보면 T세포가 외부 세포라고 인식하게 하려면 T세포의 수용체가 항원(Antigen)과 결합해야 한다. 그런데 암세포가 어떤 방법으로 T세포를 회피하는가? 암세포는 PD-L1이라는 세포를 표면에 발현시킨다. 이것은 T세포가 가지고 있는 PD-1과 상호작용을 해서 자물쇠 열쇠처럼 맞물린다. 그러면 T세포가 이 세포를 알아봤으니까 죽여야 하는데, 그 항원과 T세포 수용체가 결합해서 못 죽이는 것이다. 즉 죽이는 메커니즘을 잠가버리는 것이다.

바로 이것 때문에 암세포가 T세포의 공격을 피한다는 것을 알게 됐다. 그러면 PD-L1과 PD-1의 상호작용만 딱 막아버리면 된다. 여기에 항체를 이용한 것이다. 그래서

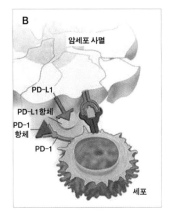

T세포가 암세포를 인식하게 하려면

PD-1에 대한 항체를 만든다. 또는 이 PD-L1에 대한 단일 항체를 만든다.

이 약을 주입했더니 어떻게 됐을까? PD-1과 PD-L1이 상호작용을 못 하니까 T세포가 암세포를 인식하고 이를 죽인다. 이게 바로 면역 요법이다. 아주 단순한 단일 항체들이 면역 항암제가 된 것이다. 이게 혼조 박사의 업적이다.

이와 아주 비슷하게 T세포가 활성화되려면 CTLA-4라는 게 있어야 하는데, 이것이 B7과 상호작용한다. 앨리스는 이에 대해서 항체를 만들었다. 그랬더니 이 두 개가 서로 연결되지 못하면서 T세포가 암세포를 인식하게 되었다. 아주 비슷한 메커니즘으로 암세포를 죽이는 방법을 발견했다.

이 발견으로 두 사람은 2018년에 노벨 생리의학상을 받았다. 이것을 보고 나는 여러 생각을 했다. 첫 번째는 발견 후에 노벨상을 굉장히 빨리 받았다는 것이다. 노벨상은 보통 뭔가를 발견하고 15~20년이 지나서 받는데, 이들은 약을 만들었기 때문에 굉장히 빨리 노벨상을 받았다.

두 번째는 '우리도 계속 배웠던 건데 왜 저런 생각을 안 했지?' 하는 점이다. 이들은 어떤 패러다임에 빠진 게 아니라, 그걸 빠져나온 사람들이어서 획기적인 약을 만들어내게 된 것 같다.

이렇게 해서 드디어 면역 항암제의 시작이 열렸다. 표적 항암제는 유전체 기반이다. 그러나 면역 항암제의 효과가 좋기만 하면, 즉 암세포들이 PD-L1 단백질을 발현하면 모든 암을 완전히 완벽하게 처리할 수 있다. 그렇게 되면 면역계가 작동하기 때문이다.

2015년 지미 카터 미국 전 대통령이 암에 걸려서 사망

할 것이라는 뉴스가 나왔었는데, 1년도 안 되어서 완치했다는 뉴스가 나왔다. 암 말기 환자가 혼조 박사의 약을 먹고 완벽하게 치료된 것이다. 이 소식에 세상이 뒤집어졌고 이들은 노벨 생리의학상을 받을 수 있었다.

그런데 실제로는 전체 암 중에서 PD-1, PD-L1의 항체로 상호작용을 방해하는 것, 즉 암종 중에서 PD-1을 발현하는 경우가 매우 적다. 20% 미만이다. 그러니까 이 엄청난 약을 모두에게 다 쓸 수는 없는 것이다.

그리고 부작용도 있을 수 있다. 기본적으로 면역 치료제는 PD-L1 등에 의해 억제된 면역 세포가 활성을 되찾게 하는 것이다. 그래서 이것을 잘못 사용하면 활성을 가지면 안되는 상황에서도 면역세포가 활성을 가지게 되는 자가면역 질환이 생길 수 있다.

결과적으로 이것은 정밀 의학의 반대 개념으로 나왔다. 어떤 사람이 이 PD-1을 발현하는지, 어떤 사람한테 이렇게 면역 항암제를 치료할 수 있는지, 아니면 2세대 면역 항암제는 그 사람의 암세포를 꺼내 발현하는 것을 분석한 후, 이를 이용해서 환자의 T세포를 꺼내 인위적으로 항원 인식 수용체를 만들기도 한다. 이것을 CAR-T^{Chimeric Antigen}

Receptors라고 하는데, 이렇게 자기 암종에 맞는 면역 항암제를 개발하는 방법까지 지금 여러 회사가 노력하고 있다. 일부는 임상 시험에 성공하는 등 맞춤형으로 나아가고 있다.

암을 다스릴 길이 열리다

개인 맞춤형 면역 항암의 시대가 열리기 시작했다. 물론 병원 현장에서는 이만큼 적용하지 못한다. 이 얘기를 계속하는 이유는 병원이 너무 느리고 뒤처진다고 말하려는 게 아니다. 새로운 치료법을 사람에게 적용하기까지는 여러 절차가 필요하기 때문이다. 생명 윤리법도 존재하며, 안전성을 확신하기 전에는 실험실에서 성공했다고 해서 사람한테 바로 쓰지 못하게 되어 있다.

어쨌든 실험실에서 이제까지 이루어진 혁혁한 공로는 암을 정복하지는 못하더라도 다스릴 수는 있지 않겠느냐는 가능성을 보여준다. 그리고 의학이 점점 개인 맞춤형으로 가고 있다는 것을 다시 한번 강조하고 싶다.

마지막으로 나의 신조를 설명하고자 한다. 나의 스승 중에 한 분이었던 2001년 노벨상 수상자 팀 헌트가 박사 심사를 할 때 했던 말이다.

"진리를 사냥하라Ferret the truth."

그는 '열정을 좇지 말고 진리를 사냥하라'고 말했다. 그 때는 그냥 좋은 말이라고 생각했는데, 그 이후로 몇십 년 더 과학 공부를 하면서 그 말이 얼마나 무게가 있는 말인지 생각하게 된다.

또 하나는 힘들 때 내가 떠올리는 말이 있다. 분자생물학의 아버지인 맥스 퍼루츠가 한 말이다.

"과학에서는 진리가 항상 승리한다In Science, Truth always wins."

암을 극복하게 만드는 과학의 힘은 바로 이것이 아닐까. 과학에서는 진리가 승리한다는 사실. 어떤 비밀도 그 메커니즘을 규명하면 인류에 이바지할 수 있다. 이것이 내가 마지막으로 드리고 싶은 말이다.

정밀 의학이 발전할수록 이에 따른 문
제도 더욱 많이 발견되지 않을까?

그렇다. 즉 특정한 암세포를 타깃 했다면, 예를 들
면 이레사를 많이 먹었으면 병이 다 나아야 한다.
그런데 특정 암세포를 계속해서 막으면 이 암세포
는 이미 돌연변이율이 엄청나게 높아져서 다른 데
또 다른 돌연변이가 생긴다. 그리고 약에 대한 내
성도 생길 수 있다. 그래서 계속해서 모니터링을
해야 하는 것이다.

글리벡이나 이레사에서도 새로운 돌연변이가
계속 나온다. 암은 정복이 아니라 다스림의 대상

이므로 제2, 제3의 약을 쓰거나 면역 항암제를 쓰는 등 판단을 해야 한다. 이 판단은 과학을 기반으로 해야 하며, 이를 위해 데이터를 계속해서 수집해야 한다.

건강검진처럼 유전자 선별 검사를 하는 시대가 올까?

나는 그렇게 될 거라고 생각한다. 관건은 두 가지다. 첫 번째는 유전자 선별 검사의 비용이 건강보험이 감당해줄 정도로 저렴해져야 한다는 것이다. 그렇게 되면 이 검사 결과들이 빅데이터가 되니까 매우 유리하고 유용한 정보가 될 것이다.

두 번째로 이게 가능해지려면 많은 사람이 참여해야 한다. 의료 개인정보가 이 사람을 식별하지 못하도록 한다면, 돈을 기부하듯이 다른 사람들을 위해서 내 의료 정보를 기부하는 문화가 생겨야 한다. 제삼자에게도 연구할 수 있도록 자신의 유전자 정보를 공유하는 태도가 필요하다.

사실 아직 우리나라에서는 이게 원활하지 않다. 개인정보 보호법이 특히 유전체 정보를 매우 강하게 보호한다.

유전체 선별 검사를 해서 나에게 직접적인 혜택이 없다고 하더라도 이 빅데이터가 쌓이면 나의 자손과 다음 세대, 내가 알지 못하는 다른 사람들에게 정말 큰 이득이 될 수 있다. 같이 사는 사회를 위해 유전체 검사 정보 등을 기부하는 개념을 가지면 어떨까 생각해본다. 그러면 유전자 선별 검사를 통해 조기에 질병을 발견하고 치료해서 건강한 수명을 유지하는 시대가 올 것이다.

정밀 의학의 보편화 시기를 언제쯤으로 예상하는가?

나도 궁금한 것이지만 이게 생각보다 빨리 올 것 같긴 하다. 데이터가 많이 쌓이고 있는데 아직 충분하진 않다. 그래도 특히 AI 기술이 많이 발전하고 있다.

정밀 의학이 보편화되었다고 말할 수 있으려면 대형 병원이 아니라 1차 병원, 2차 병원에서도 정밀 의학이 보급되어야 할 것이다. 그러기 위해서는 풀어야 하는 숙제가 있긴 하다. 개인정보 보호법이나 여러 가지 기계의 개선과 발전이 필요하다. 내 머릿속에 있는 여러 가지 아이디어는 사실 당장 활용할 수 있다. 오히려 제도적, 법률적으로 풀어야 하는 것이 많다. 그런 문제를 해결하면 한 10년 안에는 보편화되지 않을까 싶다.

PD1과 같이 분자 수준에서의 항암 치료에 한계가 있는 상황이라 칵테일 요법이 많이 사용되는데 이것조차 한계가 있을 것 같다는 생각이 든다.

맞다. 우리 몸 안에 세포의 여러 가지 상황과 정

보를 모두 완벽하게 가지고 있다면 타깃 할 수 있고 항암 면역제도 제대로 쓸 수 있다. 그런데 그렇지 않고 현재 나온 정보에 기대야 한다. 그래서 PD1이 안 나와 있는 암종이라고 하면, 어쨌든 타깃하기 위해서 이것저것 넣은 칵테일 요법을 쓴다. 그런데 그게 어떻게 작용할지는 쓰기 전에는 알 수 없다. 그래서 한계가 있다.

결국 정보를 더 많이 얻어야 한다. 그래서 요새 글로벌 제약 회사들이 하는 일 중에 카이메릭 T세포CAR-T에 관련된 게 있다. 암세포, 즉 암종을 꺼내서 바깥에서 키우면서 이 사람의 T세포도 꺼내서 인식할 수 있도록 T세포를 유전공학적으로 엔지니어링 한다. 즉 T세포의 항원 인식 수용체를 인위적으로 조작해서 암세포를 인식할 수 있게 하는 것이다. 그런 다음에 그 암을 인식하게 만든다.

그러니까 카이메릭 T세포는 그 암종을 인식할 수 있도록 교육된 것이다. 그 안에 들어가서 주사하면 그 암을 죽일 수 있을 거라는 게 카이메릭 T세포라는 2세대 항암 요법이다.

카이메릭 T세포를 했을 때 위험도 크긴 하다. 그런데 사람들이 이 기술을 계속해서 발전시키려고 하는 이유는 정보의 한계를 극복하기 위해서다. 바깥으로 꺼낸 T세포에게 암세포 정보를 교육할 수 있기 때문이다. 그런 식으로 세포 수준으로 눈을 돌리고 있는 것이다.

현재 연구는 그런 카이메릭 T세포, 즉 유전자 편집 기술까지 활용해서 암세포를 인식하게 만드는 것을 하고 있다. 그리고 따라서 면역 항암제만 쓸지, 표적 항암제와 면역 항암제를 같이 썼을 때 훨씬 더 효과가 좋은지 등을 많이 연구하고 있다.

현재 암 생물학은 계속해서 엄청난 혁신을 이루고 있다. 사실 이러한 경험들이 코로나 팬데믹에서 백신을 빨리 만들도록 도왔다. 따라서 암 생물학이나 정밀 항암 치료의 경험은 비단 암에만 적용되는 것이 아니라 우리 몸과 세포를 이해하고 늙음과 병듦, 수명을 이해하는 지름길이라고 생각한다.

닫힌 세계와 열린 세계 사이, 과학의 미래

암이 왜 생기는지에 대한 연구로 좋은 논문을 냈다는 소식이 언론을 타면, 사람들은 내게 언제 암을 정복할 수 있는지, 해당 논문을 근거로 자신의 병을 치료할 신약은 언제 나올지 묻는다. 때로는 얼굴도 모르는 사람이 연구실로 직접 전화를 걸어오거나 찾아와서 자신의 어려운 상황을 이야기하면서 과학자가 해소해줄 수 있는지 묻기도 한다. 그러면 나는 매번 과학의 발견이 곧바로 획기적인 치료 방법의 개발로 연결되지는 않는다고 설명하지만, 그럼에도 불구하고 이런 난감한 상황은 끊이지 않는다.

과학과 의료의 차이를 구분하지 못하고, 의사가 설명하지 못하는 질병에 대한 이해를 과학자인 나에게 구하는 이유는 뭘까? 지푸라기라도 잡고 싶은 절박한 심정 때문일 수도 있고, 어쩌면 과학, 특히 생명과학에 대한 이해가 부족하기 때문일 테다. 그 어려운 양자역학이 어떻게 응용으로 이어지는지 묻는 이는 적지만, 질병에 관한 과학자의 연구는 당장 현장에 응용되기를 바라는 게 많은 사람의 마음일 것이다.

이처럼 생명과학자의 역할은 종종 오해를 받는다. 생명과학자는 세포가 어떻게 구성되어 있는지, 세포 안의 각 구성 인자가 어떻게 작동하는지, 그 분자생물학적, 생물물리학적 원리를 이해하고자 하는 사람이다. 살아 있는 생명계를 다루다 보니 때로는 '닫힌 계', 때로는 '열린 계'다. 물리학의 법칙이 적용되는 듯하다가도 그렇지 않기도 한, 이 세상 최고로 흥미로운 연구 대상이 우리 몸안에 있는 세포와 장기다.

유전자 암호가 어떻게 구성되어 있는지를 프랜시스 크릭과 함께 밝힌 故 시드니 브레너 박사가 어느 심포지엄에 참석했을 때의 일이다. 누군가 과학자들에게 어떻게 과학을 공부하게 되었는지 그 동기를 물었는데, 옆에 있던 한 물리학자는 이렇게 답했다.

"어렸을 때 소리를 내는 트랜지스터를 보고 너무 신기했어요. 그걸 다 분해해서 어떻게 구성되어 있는지를 살펴본 후, 다시 조립했는데 똑같이 소리를 잘 내더군요. 그 경험이 나를 물리학자로 만들었어요."

그러자 똑같은 질문에 대해 브레너 박사는 이렇게 답했다.

"어릴 때 개구리가 팔짝팔짝 뛰는 게 너무 신기했어요. 개구리를 잡아다가 해부해서 뼈가 어떻게 생겼는지 이해하고 다시 '조립'했는데, 개구리가 뛰지 않더군요. 그래서 나는 생물학을 공부했어요."

물질계의 법칙이 세상의 진리인 양 말하는 일부 오만한 물리학자를 향한 브래너식의 풍자였다. 그런데 여기에는 진리가 숨어 있다. 그건 바로 생명체의 죽음은 되돌릴 수 없다는 사실이다. 즉 죽음은 비가역적이다. 죽음은 그렇게 끝이 난다. 단지 남아있는 사람들이 죽은 이의 행적을 기억으로 추억할 뿐이다.

이 책을 읽고 생명과학 연구가 얼마나 위대한지 고개를 끄덕인다면 좋겠다. 단언컨대 인류의 종말까지 누군가 연구를 하고 있다면 그건 생명의 비밀을 푸는 연구가 될 것이다. 우리는 우리 자신이 어디에서 왔고, 왜 나이 들며 병들고 죽는지에 대해 가장 궁금해하는 인간종, 호모 사피엔스다.

앞으로 하고 싶은 연구가 무엇인지 질문을 받을 때가 많다. 나는 내 연구가 나를 이끄는 대로, 그 길을 가고자 한다. 목표는 정하지 않았다. 좋은 연구란 하나의 답을 낸 것 같은데 열 개의 질문이 새롭게 등장하는 연구라 배웠고, 그걸 경험했고, 그렇게 가르쳤다. 어느 날 그 연구 결과가 난치병을 보다 더 잘 진단하고 치료하는 데 기여하게 된다면 기대치 않은 선물이 될 것이다. 흥미로운 질문을 계속 만나게 되기를 희망하는 것이 모든 과학자의 소망이다. 응용이 되건, 안 되건. 현 세상에서 되건, 후대에 되건.

영화 〈오펜하이머〉를 세 번 봤다. 과학자로서 여러 시사점이 있었다. 최고의 과학자에게 정치가 덧씌워지는 것이 얼마나 폭력적인지 목격했고, 이론이 나온 후 원자 핵폭탄이 3년 만에 개발되었을 때도 순수히 기뻐할 수 없었던 오펜하이머의 눈빛을 봤다. 현세와 후세의 인류를 멸망에 이르게 할 대량 살상 무기를 자신이 주도해 만들어냈을지 모른다는 죄책감으로 아마도 그는 눈을 감는 마지막 순간까지 편하지 못했을 것이다.

오펜하이머를 통해 생각한다. 역노화, 늙음을 되돌리겠다는 인류의 오래된 욕망이 만일 어느 날 구현된다면, 내가 그 기술의 개발에 결정적 역할을 한다면 어쩌면 오펜하이머의 운명이 될지 모른다고. 욕망을 참지 않는 괴물을 만들어낼 수도 있고, 이로 인해 호모 사피엔스의 종말이 올지도 모르므로.

오류가 많이 축적된 유전자는 세상을 떠나고 가장 건강한 사람의 유전자가 후대로 이어지는 것이 인류종을 지구에서 잘 유지하는 비결이다. 다만 우리는 건강하게 가능한 한 오래 살기를 바라는 정도의 욕심만 유지하자.

이 책을 읽는 독자들에게 이 메시지가 전달될 수 있다면, 이리저리 끌다가 마감에 쫓겨 출판하게 되는 허술함이 용서될 수 있지 않을까.

어려서부터 엄마가 연구하고 논문 쓰는 걸 보며 자란 딸이 최근에 대학을 졸업했다. 그리고 이제 생명과학자의 길을 걷겠다고 한다. 바쁘다는 핑계로 여느 엄마들처럼 살갑게 보살피지 못했는데 나의 길이 그의 길이 된다는 사실이 두렵고 떨리기도 하지만 한편으로는 뿌듯하다. 마지막으로 이 책을 읽은 독자 중에서 생명과학 연구자가 되거나 생명과학을 후원하는 사람이 한 명이라도 나온다면 더없는 영광일 것이다.

주석

1부 이토록 신비로운 세포

1. Photo courtesy of Jonathan King, Messachusetts Institute of Technology

2. J. D. WATSON & F. H. C. CRICK, 1953, Molecular Structure of Nucleic Acids: A Structure for Deoxyribose Nucleic Acid, Nature, 171, pp.737~738

2부 질병의 황제 암은 왜 생기는가

1. 국민건강보험공단

2. Martino F, Varricchio S, Russo D, Merolla F, Ilardi G, Mascolo M, dell'Aversana GO, Califano L, Toscano G, De Pietro G, et al. A Machine-learning Approach for the Assessment of the Proliferative Compartment of Solid Tumors on Hematoxylin-Eosin-Stained Sections. Cancers. 2020; 12(5):1344. https://doi.org/10.3390/cancers12051344

3. Choi E., Park P-G., Lee H-O., Lee Y-K., Kang K.H., Lee J.W., Han W., Lee H. C., Noh D-Y., Lekomtsev S., Lee H. (2012). BRCA2 fine-tunes the spindle assembly checkpoint through reinforcement of BubR1 acetylation. Developmental Cell. 22: 295-308

4. T.Boveri, 1914, Concerning the Origin of Malignant Tumor, Translated & Annotated by Henry Harris (2008)

5. Hyunsook Lee, 1999, Cell Cycle checkpoints and the Breast cancer susceptibility gene, BRCA2, Cambridge University

3부 노화와 암의 지표 텔로미어

1. Oeseburg, H. et al. Telomere biology in healthy aging and disease, January 2010Pflügers Archiv - European Journal of Physiology 459(2):259-268

2. Miguel A. Muñoz-Lorente, Alba C. Cano-Martin & Maria A. Blasco, 2019, Mice with hyper-long telomeres show less metabolic aging and longer lifespans, nature communications 10: 4723

3. Mariela Jaskelioff et al., 2011, Telomerase reactivation reverses tissue degeneration in aged telomerase-deficient mice, nature, vol: 469, issue: 7328, pp. 102~106

4. Richard Cawthon et al., 2008, Association of Longer Telomeres With Better Health in Centenarians, Oxford University Press, vol: 63, issue: 8, pp. 809~821

5. Atzmon, G. et al., 2010, Genetic variation in human telomerase is associated with telomere length in Ashkenazi centenarians, Proceedings of the National Academy of Sciences of the United States of America, vol: 107, Issue: 1, pp. 1710~1717

6. 1) Jerry W. Shay, Woodring E. Wright, Role of telomeres and telomerase in cancer,Seminars in Cancer Biology, Volume 21, Issue 6, 2011,Pages 349-353, ISSN 1044-579X, https://doi.org/10.1016/ j.semcancer.2011.10.001.
    2) Sheila A Stewart, robert a weinberg, Telomeres: cancer to human aging, Annu. Rev. Cell Dev. Biol. 2006. 22:531 - 57

7. William C. Hahn, Sheila A. Stewart, ···Robert A. Weinberg, 1999, Inhibition of telomerase limits the growth of human cancer cells, Nature Medicine volume 5, pp. 1164 - 1170

4부 새로운 항암 치료의 시대가 열리다

1. Masahiro Fukuoka et al, 2003, Multi-Institutional Randomized Phase II Trial of Gefitinib for Previously Treated Patients With Advanced Non Small-Cell Lung Cancer, Journal of Clinical Oncology 21, no. 12 (June 15, 2003) 2237-2246.

2. Terese Winslow LLC U.S: Govt, 2019

KI신서12987

왜 늙을까, 왜 병들까, 왜 죽을까

1판 1쇄 발행 2024년 9월 2일
1판 2쇄 발행 2024년 10월 2일

지은이 이현숙
펴낸이 김영곤
펴낸곳 ㈜북이십일 21세기북스

서가명강팀장 강지은 **서가명강팀** 강효원 서윤아
디자인 THIS-COVER
출판마케팅팀 한충희 남정한 나은경 최명열 정유진 한경화 백다희
영업팀 변유경 김영남 강경남 황성진 김도연 권채영 전연우 최유성
제작팀 이영민 권경민

출판등록 2000년 5월 6일 제406-2003-061호
주소 (10881) 경기도 파주시 회동길 201 (문발동)
대표전화 031-955-2100 **팩스** 031-955-2151 **이메일** book21@book21.co.kr

㈜북이십일 경계를 허무는 콘텐츠 리더

21세기북스 채널에서 도서 정보와 다양한 영상자료, 이벤트를 만나세요!
페이스북 facebook.com/jiinpill21   포스트 post.naver.com/21c_editors
인스타그램 instagram.com/jiinpill21   홈페이지 www.book21.com
유튜브 youtube.com/book21pub
서울대 가지 않아도 들을 수 있는 명강의! 〈서가명강〉
유튜브, 네이버, 팟캐스트에서 '서가명강'을 검색해보세요!

ⓒ 이현숙, 2024

ISBN 979-11-7117-765-3 04300
      978-89-509-7942-3 (세트)